キーワードで読む 発達障害研究と実践のための

医学診断／福祉サービス／特別支援教育／就労支援

福祉・労働制度・脳科学的アプローチ

日本発達障害学会 監修

福村出版

[JCOPY] 〈(社)出版者著作権管理機構 委託出版物〉
本書の無断複写は著作権法上での例外を除き禁じられています。複写される場合は、そのつど事前に、(社)出版者著作権管理機構(電話 03-3513-6969、FAX 03-3513-6979、e-mail: info@jcopy.or.jp) の許諾を得てください。

はじめに

　わが国の発達障害に関する学術研究の先駆けであり、常に研究と実践をリードしてきた日本発達障害学会が2015年において設立50周年を迎える運びとなり、それを機に、多くの研究者や実践家の会員による成果執筆から本書をまとめることと致しました。

　日本発達障害学会は、1966年に国際精神薄弱研究協会（現在の国際知的・発達障害学会 IASSIDD：International Association for the Scientific Study of Intellectual and Developmental Disabilities）の要請を受けて、同年7月24日に日本精神薄弱研究協会を設立したことに始まります。設立が国際学会との関係を機にする学会は、当時としては類のないものでした。

　近年、わが国の発達障害をめぐる変化は著しく、とくに教育や福祉、労働の領域は、これまでと連続性を見出すのが難しいほどの変わり方を示しています。なかでも発達障害の概念については、学術用語と法律、制度上使われる用語との概念に大きな隔たりが生じています。日本発達障害学会では、『発達障害』について、1979年に「自閉症」（当時の診断）の処遇をめぐる議論のなかで知的障害に共通した症状が少なくないことから両者を包括する用語として位置づけ、重度・重複障害や情意機能、特殊学習機能などの障害も含み込むものとして、『発達障害』という用語を提唱しました。そしてそれは、J.F. ケネディ米国大統領による福祉政策の中で登場した「発達障害（Developmental Disabilities）」の概念とも合致するものでした。具体的には、①知的発達障害と同様の支援が必要であり、②中途障害とは質が異なり、より多くの支援が必要とされ、③一生涯の支援が必要という、3つのサポートが求められる状態像です。医学の分野における「発達障害（Developmental Disorders）」は、米国精神医学会が1987年に定めたDSM - Ⅲ - Rに、「主たる障害が認知、言語、運動、または社会的技能の獲得において存在することであり、精神遅滞、広汎性発達障害、特異的発達障害などが該当し、障害の経過としてその多くは成人期まで持続する傾向がみられる……」などといった記載がなされています。しかし、その後のDSM - Ⅳ（1994）以降では、発達障害という上位カテゴリーは使用されずに、各々の障害概念を並列的に扱う方式がとられています。

　したがって、本書で扱っている『発達障害』という用語を整理しますと、発達障害者支援法（平成16年）に定義されている「自閉症、アスペルガー症候群その他の広汎性発達障害、学習障害、注意欠陥多動性障害その他これに類する脳機能の障害であってその症状が通常低年齢において発現するもの」ではありません。その定義よりも、もっと広く包括的に捉えているもので、「知的発達障害、自閉症スペクトラム障害、注意力欠如多動

性障害、特異的発達障害（学習障害、発達性協調運動障害など）、コミュニケーション障害、その他これに類するものや合併、重複するものを対象とし、発達期に出現し成人期まで持続した多領域による専門的な支援が求められるもの」としました。これは、1992年の日本発達障害学会の会長であった有馬正高先生が、発達障害研究の第14巻3号において、「米国で1970年に誕生した発達障害という概念の歴史的発展の経緯を吟味し、さらに、我が国における医療、心理、教育、福祉、職業リハビリテーションなどの領域を見たとき、多領域の専門職が一堂に会する際の重要な共通概念として発達障害という用語は、我が国においてもすでに広く一般に定着している学際的概念であると認めることができる」と説明しています。そして、2008年の日本発達障害学会の会長であった原 仁先生は、金子書房発行による「発達障害基本用語事典（日本発達障害学会監修）」の序文において、これまでのわが国における発達障害概念を詳しく整理し、上記にある発達障害概念について解説しています。

　障害に関するさまざまな医学的概念が変更され、世界的なインクルーシブ教育の推進のなかで対象とされる「特別な支援ニーズ」のある幼児児童生徒が広範になってきており、福祉や労働分野における支援対象の年齢・障害程度・支援内容・従事者の専門性などのサービス状況が大きく変更されてきました。そうした現状から、当事者やその家族、および発達障害者にかかわるすべての方の支援を重視する視点から、狭義の発達障害概念ではなく、広く包括的な『発達障害』概念を採用しています。

　このように、わが国の発達障害をめぐる学術研究の歴史をふまえたうえで、医学（診断、治療、リハビリテーション）・福祉（障害者福祉サービス事業）・教育（特別支援教育、インクルーシブ教育）・労働（就労支援、キャリア教育）の多領域にわたる最新のトピック、エフォート、アジェンダを紹介しています。

　手にとって読んでくださることにより、多くの皆様が発達障害に関する学際的な学術研究や国際的な協働をいかした支援にふれることができると期待しております。

　最後になりましたが、発刊にあたり、福村出版編集部の皆様には、多大なるご理解ご協力とお手数をおかけしました。心より感謝申し上げます。

2015年12月

日本発達障害学会50周年記念事業編集委員会

橋本　創一

目　次

はじめに ……………………………………………………………… 3

第1部　診断・医療

1. DSM-5 のポイント ………………………………………………… 10
2. ICD-10 から ICD-11 へ …………………………………………… 14
3. ID　知的発達障害 ………………………………………………… 16
4. ASD　自閉症スペクトラム障害 ………………………………… 18
5. ADHD　注意欠如多動性障害 …………………………………… 20
6. LD　学習障害／ディスレクシア ………………………………… 22
7. DCD　発達性協調運動障害 ……………………………………… 26
8. CD　コミュニケーション症群／コミュニケーション障害群 …… 28
9. DS　ダウン症 ……………………………………………………… 30
10. CP　脳性麻痺 ……………………………………………………… 32
11. ウイリアムズ症候群 ……………………………………………… 34
12. プラダー・ウィリー症候群 ……………………………………… 36
13. TS　トゥレット症 ………………………………………………… 38
14. 重症心身障害 ……………………………………………………… 40
15. 構音障害 …………………………………………………………… 42
16. 発達障害と愛着障害 ……………………………………………… 44
17. 発達障害と聴覚障害 ……………………………………………… 46
18. 発達障害と視覚障害 ……………………………………………… 48
19. 発達障害とてんかん ……………………………………………… 50
20. 発達障害と行為障害 ……………………………………………… 52
21. 発達障害と不安障害 ……………………………………………… 54

第2部　福祉サービス制度

22. ICF　国際生活機能分類 …………………………………………… 58

23.	障害者権利条約	60
24.	障害者総合支援法	62
25.	障害者基本法	64
26.	障害者差別禁止法	66
27.	発達障害児の子育て支援	68
28.	発達障害者支援センター	70
29.	児童発達支援センター	72
30.	発達障害と乳幼児健診	74
31.	発達障害と個別支援計画／ケアマネージメント	76
32.	発達障害と成年後見制度	78
33.	障害者手帳と福祉手当	80
34.	発達障害児のインクルーシブ保育	82
35.	学童保育における発達障害児支援	84
36.	発達障害者とグループホーム	86
37.	発達障害者とホームヘルプ／ガイドヘルプ	88
38.	発達障害者の余暇支援	90
39.	発達障害と障害福祉サービス事業所	92
40.	発達障害とペアレントトレーニング	94
41.	福祉職員の専門性と養成	96

第3部　特別支援教育＆支援ニーズ

42.	発達障害児の個別の指導計画＆個別の教育支援計画	100
43.	発達障害と合理的配慮	102
44.	発達障害と特別支援教育コーディネーター・校内委員会	104
45.	発達障害児のユニバーサルデザインによる教育	106
46.	発達障害児の交流及び共同学習	108
47.	発達障害とICT活用による教育	110
48.	特別支援学級	112
49.	特別支援学校	114
50.	発達障害児の通級による指導	116
51.	発達障害と特別支援教室	118
52.	自閉症教育の実践	120

53.	重度・重複障害児の教育	122
54.	発達障害児の読み書きの指導	124
55.	発達障害児と障害理解教育	126
56.	発達障害と特別支援教育支援員の活用	128
57.	発達障害者と高等教育機関での支援	130
58.	発達障害と学校適応スキル教育	132
59.	発達障害と自己理解・自己肯定感	134
60.	発達障害と不登校	136
61.	発達障害と非行	138
62.	発達障害と教師の専門性・養成	140

第4部　専門的支援法＆リハビリテーション

63.	発達障害児の応用行動分析学によるアプローチ	144
64.	発達障害児のTEACCHプログラム	146
65.	発達障害児の認知行動療法	148
66.	発達障害児のSST　ソーシャルスキルトレーニング	150
67.	発達障害児のストレスマネジメント	152
68.	発達障害児の言語コミュニケーション指導	154
69.	発達障害児の視知覚機能訓練	156
70.	発達障害への脳科学的アプローチ	158
71.	発達障害児と知能検査によるアセスメント	160
72.	発達障害と実行機能	162
73.	発達障害と神経心理学的評価	164
74.	発達障害とワーキングメモリ	166
75.	発達障害と心の理論	168
76.	発達障害とOT作業療法	170
77.	発達障害とST言語療法	172
78.	発達障害とPT理学療法	174

第5部　就労支援

79.	発達障害児のキャリア教育	178

80.	発達障害者と障害者雇用制度 ………………………………………	180
81.	発達障害と職業リハビリテーション計画とアセスメント …………	182
82.	発達障害とジョブコーチ ………………………………………………	184
83.	発達障害と地域障害者職業センター …………………………………	186
84.	発達障害者と特例子会社 ………………………………………………	188
85.	発達障害者と就労移行支援 ……………………………………………	190
86.	発達障害と若者サポートステーション ………………………………	192

実践と研究のための資料 ……………………………………………………… 194

おわりに ………………………………………………………………………… 196

第1部

診断・医療

・診断・医療

1. DSM-5 のポイント

1. トピック（解説）

　精神疾患の診断・統計マニュアル（Diagnostic and Statistical Manual of Mental Disorders: DSM）は、精神疾患に関する統計情報の整理とともに、臨床研究教育にも役立て、さらに、精神医学領域における診断上の問題を最小限にする目的で、アメリカ精神医学会によって作成されている。DSM は 1952 年に DSM-I が作成され、1968 年に DSM-Ⅱが開発されたことに始まる。1980 年の DSM 第 3 版（DSM-Ⅲ）では、DSM-Ⅲ編集実行委員長であったスピッツァー（Spitzer, R. L.）が中心となり、クレペリン診断法を源流としたカテゴリー診断法が導入された。カテゴリー診断とは、病因は問わず、注目すべき症状の数によって診断するものである。さらに、科学的実証の裏づけのある明確な診断基準を含む操作的診断基準が採用され、これが世界的普及への契機となり、世界保健機関による疾病及び関連保健問題の国際統計分類（International Statistical Classification of Diseases and Related Health Problems: ICD）とともに、世界中で受け入れられるようになった。最新の DSM は第 5 版（DSM-5）で、1994 年の DSM-Ⅳの出版以降から 19 年ぶりの大幅な改訂で 2013 年 6 月に出版された。そこで、DSM-Ⅳからの主な変更点を含めた DSM-5 の特徴について、発達障害の領域を中心に概説し、さらに DSM における今後の課題についてもふれることにする。

2. エフォート（取り組み／実践）

　DSM-5 は、全体構成の中で各障害群の章を生涯発達の軸に基づいて配列するとともに、内在化と外在化の 2 因子モデルの構造にも対応している。生涯発達の視点では、まず、日常生活、社会生活、学習、仕事のうえで支障をきたすほどの発達上の問題を伴う症群／障害群として、自閉症スペクトラム障害や、注意欠如・多動性障害、限局性学習障害などを含む神経発達症群／神経発達障害群が取り上げられ、次に青年期・成人期早期に出現することの多い障害群が続き、最後に老年期に出現する神経認知障害群に至る構成になっている。

　DSM-Ⅳにおいて「通常、幼児期、小児期または青年期に初めて診断される障害」の大項目に含まれていた、精神遅滞、学習障害、広汎性発達障害や注意欠陥および破壊的行動障害などの多くの障害は、DSM-5 では、神経発達症群／神経発達障害群の中に移行して

1. DSM-5のポイント

表1　DSM-5の主な変更点

DSM全体にかかわる変更点
・精神疾患の章構成の刷新：生涯発達モデル・内在化障害群と外在化障害群の2因子構造モデル
・多軸診断の廃止：Ⅰ軸、Ⅱ軸、Ⅲ軸の統合、Ⅳ軸の廃止とICD-10-CMのZコードの導入、Ⅴ軸の機能評価はICFに基づく世界保健機関能力低下評価尺度第2版（WHODAS）を使用
邦訳上の変更点
・"障害"という記述をなるべく避け、"症"という表記への移行を図る
発達障害にかかわる変更点
神経発達症群／神経発達障害群
1) 知的能力障害群
・精神遅滞から知的能力障害／知的発達症／知的発達障害へ改称
・診断基準として知能指数を削除
・重症度の特定
2) コミュニケーション症群／コミュニケーション障害群
・社会的（語用論的）コミュニケーション症／社会的（語用論的）コミュニケーション障害の新設
・表出性言語障害と受容―表出性言語障害を言語症／言語障害へ統合
・音韻障害を語音症／語音障害、吃音は小児期発症流暢症／小児期発症流暢障害／吃音へ改称
3) 自閉スペクトラム症／自閉症スペクトラム障害
・広汎性発達障害から改称
・アスペルガー障害や特定不能の広汎性発達障害などの下位分類の廃止
・診断基準を3症状項目から2症状項目へ再編
・診断の必須条件の変更
・症状の気づきの時期は発達早期だが、社会的要求が能力の限界を超えた状況下で明らかになるとする
・重症度の特定
4) 注意欠如・多動症／注意欠如・多動性障害
・注意欠陥／多動性障害から改称
・破壊的行動障害の分類区分から神経発達障害群へ変更
・発症年齢の記述を7歳から12歳へ変更
・3つの下位分類を状態像としての表記に変更
・自閉スペクトラム症／自閉症スペクトラム障害の併存を認める
・成人に関する診断の必須条件の変更
・重症度の特定
5) 限局性学習症／限局性学習障害
・学習障害から改称
・下位分類を統合し、困難のある学習領域を付加的に特定する
・症状の気づきの時期は学齢期だが、困難のある領域の学業的技能が能力の限界を超えた状況下で明らかになるとする
・重症度の特定
6) 運動症群／運動障害群
・発達性協調運動症／発達性協調運動障害、常同運動症／常同運動障害、チック症群／チック障害群を含む発達性協調運動症／発達性協調運動障害は自閉スペクトラム症／自閉症スペクトラム障害の併存を認める常同運動症／常同運動障害は重症度を特定

American Psychiatric Association（2013, 高橋・大野 監訳 2014）をもとに作成

診断・医療

いるが、破壊的行動障害は素行症／素行障害、間歇爆発症／間歇性爆発性障害や反社会性パーソナリティ障害などとともに秩序破壊的・衝動制御・素行症群の項目にまとめられた。

その他の発達障害にかかわる主な変更点を表1にまとめた。下位項目のなかで、コミュニケーション症群／コミュニケーション障害群の中に社会的（語用論的）コミュニケーション症／社会的（語用論的）コミュニケーション障害が新設され、DSM-Ⅳでは広汎性発達障害の下位分類に、レット障害、小児期崩壊性障害、アスペルガー障害および特定不能の広汎性発達障害が含まれていたが、この下位分類が廃止され自閉スペクトラム症／自閉症スペクトラム障害のもとに統合された。また、注意欠如・多動症／注意欠如・多動性障害および自閉スペクトラム症／自閉症スペクトラム障害では、診断にかかわる年齢の目安が引き上げられ、前者では成人の診断に関する条件も加えられた。

DSM-5の特徴の1つに、それまで採用されていた多軸診断システムが廃止されたことがあげられる。多軸診断システムは、5つの異なる側面から網羅的かつ総合的に診断・評価するシステムで、Ⅰ軸：臨床疾患、臨床的関与の対象になることのある他の状態、Ⅱ軸：パーソナリティ障害と精神遅滞、Ⅲ軸：一般身体疾患、という3つの独立した軸の組み合わせで疾患を分類し、これに加えて、Ⅳ軸：心理社会的および環境的問題、Ⅴ軸：機能の全体的評定、も併せて行うようになっており、医療、心理、福祉、教育などの複数の領域の専門家が連携する際の枠組みとして利用されてきた。DSM-5では、Ⅰ軸、Ⅱ軸、Ⅲ軸が統合、Ⅳ軸は廃止され、ICD-10の健康状態に影響をおよぼす要因および保健サービスの利用に関する状況を評定するためのCM（Clinical Modification）Zコードを用いることになった。Ⅴ軸はDSM独自のコードに代わって、世界保健機関によるDisability Assessment Schedule 2.0（WHODAS 2.0）を用いることになった。WHODAS 2.0は、①理解力・コミュニケーション能力などの認知、②動くことや動き回る可動性、③身の周りの衛生、更衣、食べること、1人でいることなどのセルフケア、④人とのかかわり、⑤家庭での責任、レジャー、職場や学校での活動、⑥社会参加、の6領域における生活機能のレベルを把握するものである。以上の変更点を総合すると実質的には多軸診断の概念がある程度残っていると考えられる。

さらに、日本精神神経学会はDSM-5への改訂に合わせ、病名・用語はわかりやすく差別意識や不快感を生まないなどの基本方針に基づき変更を行った（日本精神神経学会精神科病名検討連絡会、2014）。児童青年期の疾患では、病名に「障害」とつくと当事者にとって大きな衝撃を与えるため、これに代わり「症」を用いることとされた。しかし、DSM-Ⅳから引き継がれた疾患概念で旧病名がある程度普及して用いられている場合には、新旧病名をスラッシュ（／）で併記することとされた。

3. アジェンダ（問題点と今後の課題）

　DSM は診断の際に評価すべき最も顕著な症状を同定する手引きとして有用である。しかし、同手引きによる診断には病因論的プロセスは関与せず、着目する症状群の周りに明確に定義された境界がなく、また、科学的証拠に基づいた生物学的指標も用いない。そこで、診断を確定するためには、臨床家の経験に基づいた洞察力が必要となり、該当する症状の数を機械的に勘定するだけでは不十分であることに留意しておく必要がある。具体的には、神経発達障害の診断の際、定型発達児の行動と対象児の行動の境界の見きわめの重要性が実例としてあげられる。

　DSM に基づく診断への信頼性向上には、症状の選定やその重みづけが適切であることが求められ、不適切な場合、過剰診断や精度低下の問題が生ずることが懸念される。今回の DSM-5 への改訂の過程において、フィールドトライアルによる検証が不十分であるとの指摘（Frances & Nardo, 2013）もあり、今後の改訂への動きが注目される。

（眞田 敏）

文献

American Psychiatric Association（2013）：Diagnostic and Statistical Manual of Mental Disorders: DSM-5. 高橋三郎・大野裕（監訳）（2014）：DSM-5 精神疾患の診断・統計マニュアル．医学書院．

Frances, A. J. & Nardo, J. M.（2013）：ICD-11 should not repeat the mistakes made by DSM-5. The British Journal of Psychiatry, 203, 1-2.

日本精神神経学会 精神科病名検討連絡会（2014）：DSM-5 病名・用語翻訳ガイドライン（初版）．精神神経学雑誌，116(6)，429-457．

●診断・医療

2. ICD-10からICD-11へ

1. トピック（解説）

　ICDとは、世界保健機関（WHO）による国際疾病分類（International Classification of Diseases）の略語で、あらゆる疾病・傷害・死因の統計分類である。ICDは、世界42言語で作成され、発展途上国を含む多数の国で試験が行われ、その信頼性、適合性が検討されている。ICDは、1900年に提唱され、以後、ほぼ10年ごとに改訂されてきた。現在、使用されているのは、1990年のWHO総会で採択され、1992年から1994年にかけて出版された第10版（ICD-10）であり、すでに採択から25年が経過している。ただし、小さな改訂は、1996年から毎年行われており、そうした改訂の内容はWHOのホームページで閲覧することができる。もっとも、毎年の改訂は身体疾患に関するものがほとんどで、発達障害についての改訂は行われていない。ICD-10では、発達障害は、「精神および行動の障害」のなかに記載されている。ただし、ICD-10では発達障害という大項目はなく、発達障害は、「精神遅滞」項目の下に軽度から最重度の精神遅滞が、「心理的発達の障害」項目のもとに会話および言語の特異的発達障害、学力の特異的発達障害、運動機能の特異的発達障害、混合性特異的発達障害、広汎性発達障害が、「小児期および青年期に通常発症する行動および情緒の障害および特定不能の精神障害」項目のもとに多動性障害が、それぞれ分類されている。ICD-10の改訂版であるICD-11は、2017年5月にWHO総会で報告される予定となっている。

2. エフォート（取り組み／実践）

　ICD-11は、2011年にアルファドラフト版が公表され、世界中に意見が求められた。集まった意見も参考としながら、2012年、ベータドラフト版が公開され、このベータ版に対する意見募集も行われている。2016年にはICD-11公開版第1版（ICD-11 Submission package Version 1）が作成され、2017年に世界に向けて発表される予定となっている。精神疾患に関する分類と診断基準のもう1つの実質的な国際基準であるDSMは、2013年に改訂第5版であるDSM-5が発表された。DSM-5は、その主な改訂方針の1つとして、ICDとの調和の重視を掲げている。このことは、逆にいうならば、ICD-11の「精神および行動の障害」の改訂内容が、DSM-5と類似のものとなる可能性が大きいことを意味している。実際、ICD-11のベータドラフト版を見ると、発達障害に関しては、DSM-5と同

2. ICD-10 から ICD-11 へ

表1　ICD-11 Beta Draft における発達障害関連の主な項目

```
Neurodevelopmental disorders
Disorders of intellectual development
    7A00 Disorder of intellectual development, mild
    7A01 Disorder of intellectual development, moderate
    7A02 Disorder of intellectual development, severe
    7A03 Disorder of intellectual development, profound
    7A04 Disorder of intellectual development, provisional
Developmental speech and language disorders
    7A10 Developmental speech sound disorder
    7A11 Voice disorder
    7A12 Developmental speech fluency disorder
    7A13 Developmental language disorder
7A20 Autism spectrum disorder
Developmental learning disorders
    7A30 Developmental learning disorder with impairment in reading
    7A31 Developmental learning disorder with impairment in writing
    7A32 Developmental learning disorder with impairment in mathematics
7A40 Developmental motor coordination disorder
7A41 Chronic developmental tic disorders
7A42 Attention deficit disorders
7A43 Stereotyped movement disorder
```

様の神経発達障害の大項目が新設され、その説明は、「発達期に生じる行動や認知の問題で、そのために、知的機能、運動機能、社会的機能の獲得や遂行に著しい困難を来すものである」とされている。発達障害は、神経発達障害の下位分類となっており、その内容もDSM-5とほぼ同じである。DSM-5で新設された社会的コミュニケーション障害は、診断を慎重にすべきという議論はあるが、ベータドラフト版でもDevelopmental language disorder with impairment of pragmatic language という名称で新設されている。なお、トゥレット症候群などのチック障害の下位分類は、神経発達障害のなかで記載はされているものの、疾病分類としては神経疾患に位置づけられている。

3. アジェンダ（問題点と今後の課題）

ICD-11ベータドラフト版では、個々の発達障害の下位分類がDSM-5よりも細かく設定されている。最も顕著なのは自閉症スペクトラム障害で、知能障害と言語障害の有無と程度により8つの下位分類が設定されている。DSM-5では、下位分類を1つの診断名にまとめる改訂が多くなされていることもあり、もし、ベータドラフト版のままだと、ICD-11とDSM-5の間では、ICD-10とDSM-Ⅳのときよりも、下位分類に相違が生じることが危惧される。

（宮本　信也）

文献

World Health Organization（2012）: ICD-11 Beta Draft. http://apps.who.int/classifications/icd11/browse/l-m/en（2015.3.15）

診断・医療

3. ID　知的発達障害

1. トピック（解説）

　知的発達障害（Intellectual Developmental Disorder: ID）とは、アメリカ知的・発達障害協会（AAIDD）の定義によると、知的機能と適応行動（概念的、社会的および実用的な適応スキルによって表される）の双方の明らかな制約によって特徴づけられる能力障害であり、この能力障害は18歳までに生じるとされる。また、アメリカ精神医学会（APA）の精神疾患の診断・統計マニュアル（DSM-5）では、知的発達障害を以下の3点から定義している。すなわち、①知的機能の欠陥（母集団よりも約2標準偏差以下）、②個人の自立や社会的責任において発達的および社会文化的な水準を満たすことができなくなるという適応機能の欠陥（臨床評価および評価尺度の両方を用いて評価され、概念的、社会的または実用的な適応スキルのうち1領域以上が著しく障害され、学校、職場、家庭または地域社会のなかで1つ以上の生活状況において継続的な支援が必要な場合）、③発達期の間に発症する。また、IQの値ではなく適応機能に基づいて重症度（軽度、中等度、重度、最重度）のレベルを特定することが明記されている。知的発達障害の原因として、出生前では遺伝子症候群、先天性代謝異常、脳形成異常、アルコールや薬物による環境の影響などがあげられる。また周産期では新生児脳症を引き起こす分娩や出産に関連した出来事、出生後では低酸素性虚血障害、外傷性脳損傷、感染、脱髄性疾患などが考えられる。有病率は約1%であり、重度知的発達障害は概ね1000人に6人の割合とされる。精神的、神経発達的、医学的および身体疾患の併発がしばしば見られる。とくに、精神疾患、脳性まひ、てんかんは、一般人口に比して3〜4倍ほど高率である。その他に、注意欠如・多動障害、抑うつ障害群と双極性障害群、不安症群、自閉症スペクトラム障害、常同運動障害（自傷行動の伴うもの含めて）、衝動制御障害および認知症が最も併発する精神および神経発達障害である。

2. エフォート（取り組み／実践）

　知的発達障害の発症は、脳機能不全の病因と重症度により異なる。重度の場合、2歳までに運動、言語、対人関係の遅れが認められる。一方、軽度は、学齢期で学業の困難さが目立つことで明らかになる。したがって、乳幼児期の1歳半・3歳児健診による運動、言語やコミュニケーションなどのスクリーニングが重要となる。早期発見に伴い、療育や発

表1 知的発達障害の診断基準（概略）

A. 臨床的評価および個別化・標準化された知能検査により、論理的思考、問題解決、計画、抽象的思考、判断、学校での学習、生活経験からの学習、などの知的機能の制約。
B. 個人の自立や社会的責任において発達的および社会文化的な水準を満たすことができなくなるという適応機能の制約。継続的な支援がなければ、適応上の制約は、家庭や学校、職場および地域社会などの多岐にわたる環境において、コミュニケーション、社会参加および自立した生活といった複数の日常生活活動において制限が生じる。
C. 知的および適応の制約は、発達期の間に発症。

DSM-5 より改編

達支援の導入で諸機能の発達が促される。また、幼児期は多くの者にインクルーシブ保育（保育所・幼稚園に通って健常児と一緒の保育）が提供されている。学齢期は、特別支援教育の対象者が多数を占める。しかし、自閉症スペクトラム障害や行動上の問題が併存する場合、その点が支援の中心となり、主たるニーズである知的機能の発達援助や学習指導などが薄れることも問題視されている。知的発達障害者の特性に応じた、かつ生涯発達を見通した自立や適応をめざした教育支援の展開が期待されている。

3. アジェンダ（問題点と今後の課題）

乳幼児から成人期の年齢段階に応じた診断ツールの開発が課題としてあげられる。とくに、知的機能に加えて適応面の支援レベルを評価することが重視されており、日常場面の適応行動に関する評価尺度の充実が求められる。また、特別支援学校・学級では、軽度知的障害児が増加傾向にあり、その支援ニーズに合った教育課程や指導法・支援のあり方を見直すことが指摘される。一方、小中学校の通常学級では、学習のつまずきや困難さを示す児童生徒への支援として、学習障害、軽度知的発達障害、境界域知能、その他の問題による者などの判別で困惑している状況もある。

（橋本 創一）

文献

American Association on Intellectual and Developmental Disabilities（2010）：Intellectual Disabilities: Definition, Classification, and Systems of Supports（11th ed）．太田俊己・金子健・原仁・湯汲英史・沼田千好子（共訳）（2012）：知的障害——定義，分類および支援体系．日本発達障害福祉連盟．

American Psychiatric Association（2013）：Diagnostic and Statistical Manual of Mental Disorders: DSM-5．高橋三郎・大野裕（監訳）（2014）：DSM-5 精神疾患の診断・統計マニュアル．医学書院．

診断・医療

4. ASD　自閉症スペクトラム障害

1. トピック（解説）

　自閉スペクトラム症／自閉症スペクトラム障害（Autism Spectrum Disorder: ASD）とは、2013年5月に発表された、アメリカ精神医学会の疾患分類と診断基準（Diagnostic and Statistical Manual of Mental Disorders, Fifth edition: DSM-5）に新たに登場した、神経発達症群／神経発達障害群（Neurodevelopmental Disorders）のなかの一診断名である。

　自閉性障害（DSM-Ⅳ-TR, 2000）とASDの診断基準の変更点は、従来は2つに分かれていた症状群、つまり社会性とコミュニケーションの質的障害を、両者は不可分という立場から一括して、「社会的コミュニケーションおよび対人的相互反応の持続的欠陥」としたこと、「行動、興味、または活動の限定された反復的な様式」に感覚異常の項目が追加されたことである。また、DSM-5では2つの症状群の重症度を3段階で表記し、さらに特定用語（併存状態）として、①知的障害、②言語障害、③他の身体疾患あるいは環境要因など、④他の神経発達障害あるいは精神障害など、⑤カタトニア（無動状態）の有無を記載するように指示されている。

　1943年にカナー（Kanner, L.）が最初の自閉症の報告をして以来、自閉症概念は拡大していった。そのなかで広汎性発達障害（Pervasive Developmental Disorder: PDD）という臨床的概念が造られた。PDDとは、それぞれは独立して存在する自閉症、アスペルガー症候群、非定型自閉症、小児期崩壊性障害、レット症候群の5つの障害の集合体であった。

　ASD概念を提案したウィング（Wing, L.）は、ASDは症状としても経過としても重なり合いや移行があるので、PDDのように集合体とするより、連続体と理解するほうが実際的と主張した。多くの臨床家の支持を得て、DSM-5ではASDが採用された。PDDに含まれていたレット症候群はX染色体の一部に遺伝の座がある神経疾患であり、小児期崩壊性障害はきわめて稀なため、いずれもASDから除外された。なお、アスペルガー症候群は消滅したのではなく、知的障害のないASDと診断名が変わったのである。

2. エフォート（取り組み／実践）

　自閉症は「特性」か「疾患」か？　一卵性双胎児における自閉症の一致率の高さから始まった遺伝研究が示唆するのは、自閉症という特性は一生涯続き、かつ親から子に伝わる特性でもある、という考え方である。第1子が自閉症と診断されると、第2子以降の自

4. ASD 自閉症スペクトラム障害

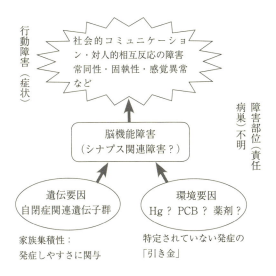

図1 自閉症の発症メカニズム（仮説）

閉症が発症する確率は、第1子が健常児の場合と比べて10倍となるという現実もある。自閉症児・者の予後はかなり多様であり、自閉症の特性自体が予後の決定要因というより、併存症の有無とさまざまな環境要因に起因する二次障害によるとするのが妥当だろう。

一方、最近の脳科学の知見によると、自閉症という疾患の存在を考えるほうがわかりよい場合もある。たとえば、自閉症児の脳容量は発症以後急速に増大する。しかし、思春期以降、その増大は減速し、成人期には、健常者と比べて脳容量に差異はなくなる。一時的な脳容量の増大は、神経細胞レベルでの適切な淘汰が行われないという「プロセス」の存在を予想させる。さらに、思春期に多発するてんかん合併（25 ～ 40％）も、ある種の自閉症児者において、てんかん源性の発生という疾患様の経過があるのかもしれない。

3. アジェンダ（問題点と今後の課題）

DSM-5 において行われた、PDD から ASD への移行は臨床的現実に合わせた修正と理解できる。しかし、ここまで拡大した自閉症概念を果たして単一の障害（特性／疾患）として研究を進めることが可能なのだろうか？ ASD を健常者にも認められる特性と理解するなら、まず高機能自閉症あるいはアスペルガー症候群を研究対象とすべきだろう。ASD を疾患として観ていくならば、知的障害を伴う ASD に絞っていくほうが意味ある研究成果が得られるのではないか。

(原 仁)

文献

American Psychiatric Association（2013）：Diagnostic and Statistical Manual of Mental Disorders: DSM-5. 高橋三郎・大野裕（監訳）（2014）：DSM-5　精神疾患の診断・統計マニュアル．医学書院．
黒田洋一郎・木村 - 黒田純子（2014）：発達障害の原因と発症メカニズム——脳神経科学からみた予防、治療、療育の可能性．河出書房新社．

診断・医療

5. ADHD　注意欠如多動性障害

1. トピック（解説）

　注意欠如多動性障害（Attention Deficit/Hyperactivity Disorder: ADHD）は、不注意、多動性、衝動性などの行動面における症状を特徴とする発達障害である。2013年のDSM-5（精神障害の診断・統計マニュアル第5版）において、ADHDは神経発達障害の1つとして明確に位置づけられた。明らかな身体異常はなく、行動の特性から同定される。症状は個人間で差があり、小児期より発症し、年齢とともに表れ方が変化する。外在化障害とされる「反抗挑戦性障害」「素行障害」を小児期に重複することがある。そして社会的な問題（周囲との軋轢、不登校など）や学業不振、職業的な機能障害を呈しながら成年期に至ることもある。

　診断は、①不注意症状および／または②多動・衝動性症状が各々9項目中6項目以上該当し、6か月以上持続して、さまざまな場面で不適応な状態に至った段階で初めて下される（表1）。DSM-5では発症年齢が12歳までと変更され、17歳以上では必要な項目数が5つとなり青年期からの診断がしやすくなった。また自閉症スペクトラム障害（ASD）とADHDの併存が認められ、重症度が追加された。病因は、遺伝的因子を含め多様でいまだ確定因子は解明されていない。発症病態には脳の複数の経路での脳機能障害が想定され、前頭前野での実行機能系や報酬系システムの機能障害のため、不注意や多動・衝動性をきたすとする考え方がある。

2. エフォート（取り組み／実践）

　行動評価のため標準化された質問紙が用いられる。日本語版ADHD-Rating ScaleはDSMに準拠し、家族版、教師版がある。18歳以下用にConners 3やSNAP-IVなどがあげられる。成人用診断面接ツールとしてCAADID日本語版が刊行されており、生活歴と診断基準の2パートからなる。診断後は、CAARS日本語版で重症度の評定を行える。

　ADHD診断にあたっては内分泌疾患などの身体疾患や被虐待児の示す類似行動にも注意しながら面談し、発達歴の問診を行い、評価値を参考とする。併存精神症状を見るため、子どもの行動チェックリストや反抗挑戦性障害評価も重要である。注意機能の評価として持続性処理課題（CPT）も行われる。抑制機能を見るストループ課題時行動評価や近赤外線分光法による前頭部脳血流変化測定法も試みられている。治療目標は周囲の大人や子

5. ADHD　注意欠如多動性障害

表1　ADHDの診断基準

- (1) および/または (2) によって特徴づけられ、機能または発達の妨げとなっているもの

  (1) 不注意

  a. 活動中に、細かいところまで注意を払わなかったり、不注意な間違いをする。
  b. 課題や遊びの活動で注意を集中しつづけることが難しい。
  c. 面と向かって話しかけられているのに、聞いていないように見える。
  d. 指示に従わず、学業、用事、職場の義務を最後までやり遂げない。
  e. 課題や活動を順序立てて行うことが難しい。
  f. 精神的な努力を続けなければならない課題（宿題や報告書作成など）を避ける。
  g. 課題や活動に必要なものをなくしてしまう。
  h. 外的な刺激によって気が散ってしまう。
  i. 日々の活動で忘れっぽい。

  (2) 多動性および衝動性

  a. 手足をそわそわ動かしたり、椅子の上でもじもじしたりする。
  b. 授業中や座っているべき時に席を離れてしまう。
  c. きちんとしていなければならない時に、過度に走り回ったり、よじのぼったりする。
  d. 静かに遊んでいたり、余暇活動につくことができない。
  e. じっとしていない、または何かに駆り立てられるように活動する。落ち着きがない。
  f. しゃべりすぎる。
  g. 質問が終わらないうちに、出し抜けに答えてしまう。
  h. 順番を待つのが困難。
  i. 他人を妨害し、邪魔する。

- (1) または (2) の9症状のうち6つ（またはそれ以上）が少なくとも6か月以上持続したことがあり、その程度は、発達の水準に相応しないもの。なお17歳以上では少なくとも5つ以上の症状が必要。
- (1) または (2) の症状のいくつかが12歳以前より存在する。
- (1) または (2) の症状は2つ以上の状況（家庭、学校、職場、遊びの場、親戚といる時など）で存在する。

DSM-5 より一部抜粋

どもとの人間関係の改善、活動場面で行動の機能障害を減らし、適応能力を最大に上げることに尽き、心理・社会的治療法と薬物療法を考慮する。保護者・学校の障害理解を促し、適切な行動が取れるように助言する。保護者へのペアレントトレーニングや児に対する行動療法、薬物療法として中枢神経刺激薬（メチルフェニデート徐放剤）やノルアドレナリン再取り込み阻害剤が使用される。2種類とも小児から成人期まで適応となっている。適用例を充分考慮し、その必要性を説明し、食欲低下などの副作用に注意しながら投与する。

3. アジェンダ（問題点と今後の課題）

ADHDの診断や治療の効果判定に資する確定的な生物学的指標は今のところない。病態解明に向けた検査法の確立と、エビデンスに基づくより有効な治療法が求められる。ADHDは学習障害との併存もあり多面的な支援が重要である。自己評価が低くなりやすく、ひきこもりや不登校といった二次障害を生じ、成年期まで困難さをもちこすことも多い。自尊心を高める心理的配慮と長期的視点に立った支援が欠かせない。

（稲垣 真澄・米田 れい子）

文献

American Psychiatric Association (2013): Diagnostic and Statistical Manual of Mental Disorders: DSM-5. 高橋三郎・大野裕（監訳）(2014): DSM-5 精神疾患の診断・統計マニュアル. 医学書院.

診断・医療

6. LD　学習障害／ディスレクシア

1. トピック（解説）

　学習障害とは、知的な発達に遅れがなく、視覚や聴覚、運動能力に大きな困難がなく、本人が努力しているにもかかわらず、また生育環境や教育環境が十分であったにもかかわらず、ある限定的な能力の障害によって知的能力から期待される学力が身についておらず、学業不振が著しい状態をいう。

　この用語は教育的な概念として1963年にアメリカの教育学者カーク（Kirk, S.）が提唱したもの（Kirk, 1962）である。全米学習障害合同委員会は1987年に学習障害の定義を示し、そのなかで「学習障害は、聞く、話す、読む、書く、推理する、あるいは計算する能力の習得と使用に著しい困難を示すさまざまな障害群を示す用語である」とし、限定的な能力の障害の内容が具体的に示された。文部科学省における学習障害の定義は、この全米学習障害合同委員会の定義に強く影響を受けている。

　一方、医学用語としての学習障害は、シュトラウス（Strauss, A. A.）が脳損傷児の認知や行動特性を明らかにし（Werner & Strauss, 1941）、Strauss症候群と呼ばれたが、やがて同様の認知行動特性は脳損傷のない小児でも見られることから、微細脳損傷（Minimal Brain Damage: MBD）のちに微細脳機能障害（Minimal Brain Dysfunction: MBD）という概念が登場したことに端を発している。その臨床像は多様な学習障害として現れるとされている。

　医学用語としての学習障害には、ディスレクシア（発達性読み書き障害）を源流とする別の系統があり、これは1896年のイギリスの医師モーガン（Morgan, W. P.）による報告（Morgan, 1896）が最初とされていて、読字と書字の障害に限定したものであった。家族内発症例も多く、常染色体優性遺伝であるとされ、候補遺伝子も報告されている。主な病態として音韻処理障害が想定されており、機能的MRI研究では左頭頂小葉での解読困難と両側下前頭回での過剰な代償、左紡錘状回では単語のまとまりとしての把握の弱さが報告されている。

　診断は読字困難と書字困難の症状を明らかにすることと、知的能力と学業成績の乖離を確認することが主たる作業である。これに視聴覚障害の除外、不適切な生育・教育環境の除外、別の神経疾患との鑑別診断が加わる。とくに他の発達障害の併存、なかでもADHDの併存を見逃さないことが重要である。ADHDへの薬物療法が、ディスレクシ

アの読字能力も向上させたという報告が見られている (Shaywitz et al., 2014)。

2. エフォート（取り組み／実践）

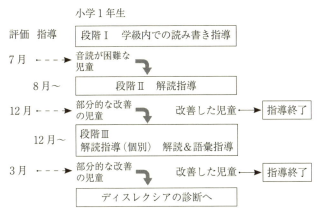

図1　RTIを導入したディスレクシアの早期診断

学習障害に対する取り組みは、教育分野が主導する形で行われている。特殊教育から特別支援教育への転換、さらにはインクルーシブ教育システム構築に向けた特別支援教育の推進など、大きな枠組みの構築が進展している。通常の小中学校において、個別の指導計画や個別の教育支援計画の策定が推奨され、特別支援教育にかかわる教員はもとより通常学級を担任する教員などすべての教員が、自らの問題として捉えて対処することが勧奨されるようになった。

指導の工夫としてティームティーチングの活用、スモールステップによる指導などが推奨されている。加えて、2006年度の学校教育施行規則の一部を改正する省令により、学習障害は通級指導教室での指導の対象となり、教科の補充指導が受けられるようになっている。

一方、本邦におけるディスレクシアに対する取り組みは、医療分野が主導していると考えられる。ディスレクシアの主たる病態には、かな文字とその読みの対応が自動化しにくいこと（解読障害）、単語をひとまとまりの形体として認識しにくいこと（チャンキングの障害）があり、音声言語学的な評価と指導が必要であることがわかってきた（小枝、2012）。これらに対する指導法も考案されている（小枝他、2014）。

支援体制として、米国では学校教育の中で、評価と指導をくり返し、個別指導へとつなげるRTI（Response to intervention）が行われている。しかしディスレクシアでは、ADHDなど他の発達障害の併存も多いため、図1に示したようにRTIの最後に診断へとつなげ、必要な治療を併用するという本邦独自のモデルが提唱されている（小枝他、2014）。

3. アジェンダ（問題点と今後の課題）

学習障害に対して、学校教育の中で支援するという体制は整ってきたが、教科別に具体

診断・医療

的な方法が提唱されているわけではない。教室の中での指導の工夫などが提案されてきてはいるが、提案者は特別支援教育に携わっている教員や心理分野の研究者であり、各教科の指導に高い専門性を有する教科教育の研究者による情報発信は皆無に等しいという現状が大きな課題である。医療的にも診療対象とする医療機関がきわめて少ないことが大きな課題である。

(小枝 達也)

文献

Kirk, S.（1962）: Education exceptional children. Boston, Houghton Mifflin, p263.

小枝達也（2012）: 発達性読み書き障害のすべて——鳥取大学方式の紹介. 発達障害医学, 34, 21-28.

小枝達也・関あゆみ・田中大介・内山仁志（2014）RTI（Response to intervention）を導入した特異的読字障害の早期発見と早期治療に関するコホート研究. 脳と発達, 46, 270-274.

Morgan, W. P.（1896）: A case of congenital word-blindness. Brit Med J, 2, 1378.

Shaywitz, B. A., Williams, D. W., Fox, B. K., Wietecha, L. A.（2014）: Reading outcomes of children and adolescents with attention-deficit/hyperactivity disorder and dyslexia following atomoxetine treatment. J Child Adolesc Psychopharmacol, 24, 419-25.

Werner, H., Strauss, A. A.（1941）: Pathology of figure-back-ground-relatiohship in the child. J Abnorm Soc Psychol, 36, 236-248.

診断・医療

7. DCD　発達性協調運動障害

1. トピック（解説）

　発達性協調運動障害（Developmental Coordination Disorder: DCD）は、歴史的に臨床上の包括的概念であった微細脳機能障害（Minimal Brain Dysfunction: MBD）のなかで、「運動の面でぎこちなく、共同運動の障害がある。しかし古典的神経学的所見は証明されず、いわゆる神経学的微症状がある」または「運動機能における発達の障害」という行動特徴があげられていた。ICD-10では運動機能の特異的発達障害として位置づけられ、「この障害の主要徴候は全体的知能の遅れや、先天的あるいは後天的神経障害によって説明できない、協調運動の発達の重篤な機能障害である。運動の不器用さは、ふつう視空間―認知課題での遂行の障害とある程度関係する」とあり、精神遅滞による二次的なものは認めていない。DSM-5では、DCDは神経発達障害のなかの運動障害で、常同運動障害やチック障害と並んで記載され、身体疾患や神経疾患（脳性麻痺、筋ジストロフィーなど）、自閉症スペクトラムとは同時に診断されないようになっている。DCDの中心障害は粗大運動と微細運動の不器用さである。DCDの有病率は5～11歳の年齢の子どもの6％に達すると見積もられており、原因は不明であるが、ボディーイメージの形成不良、運動行為の企画の障害などが仮定され、リスク因子として低酸素、周産期低栄養、出生時低体重が知られている。不器用さが中心症状ではないがLD、ADHD、高機能広汎性発達障害（HFPDD）などの児童は不器用さを併せもつことが多いことも報告されており、併存症状なのか二次障害なのかは明らかにされていない。

2. エフォート（取り組み／実践）

　DCDは筋肉や神経、視覚・聴覚などに異常がないにもかかわらず、協調運動に困難を有しており、学習や日常生活に大きな影響を及ぼしている。乳幼児期であれば「這う」「歩く」の運動面での発達の遅れが見られ、学齢期には走ったり跳んだり粗大運動ができない「運動が苦手な子」、はさみを使えず、ボタンもうまくかけられない、手先がうまく使えない「不器用な子」として見られ、学業成績や社会生活にも影響を与える。そのため、身体的不器用さを早期に発見して支援することが期待される。通常、何らかの感覚統合プログラムで運動機能と感覚機能への認知を高める身体活動が提供されたり、適応体育教育プログラムが使用されている。社会機能訓練、社会適応介入訓練も効果がある。学業面や

表1　発達性協調運動障害の診断基準

A. 協調運動技能の獲得や遂行が、その人の生活年齢や技能の学習および使用の機会に応じて期待されるものよりも明らかに劣っている。その困難さは、不器用（例：物を落とす、または物にぶつかる）、運動技能（例：物を掴む、はさみや刃物を使う、書字、自転車に乗る、スポーツに参加する）の遂行における遅さと不正確さによって明らかになる。
B. 診断基準Aにおける運動技能の欠如は、生活年齢にふさわしい日常生活活動（例：自己管理、自己保全）を著明および持続的に妨げており、学業または学校での生産性、就労前および就労後の活動、余暇、および遊びに影響を与えている。
C. この症状の始まりは発達段階早期である。
D. この運動技能の欠如は、知的能力障害（知的発達症）や視力障害によってはうまく説明されず、運動に影響を与える神経疾患（例：脳性麻痺、筋ジストロフィー、変性疾患）によるものではない。

日本精神神経学会監修（2014）より

情緒面の二次障害を併発しない取り組みが必要である。

3. アジェンダ（問題点と今後の課題）

　身体的不器用さについての研究は少なく、またDCDのアセスメントの基準も明らかではない。また、DCDが明らかになるのが発達過程にある子どもであるため、個人差であるかどうかの判断も必要となり、そのために発見が遅れている可能性もある。子どもにとっての身体的不器用さによる情緒面や社会性への影響を明らかにし、早期に支援できる体制を整える研究が必要である。

（秋山　千枝子）

文献

American Psychiatric Association（2013）：Diagnostic and Statistical Manual of Mental Disorders: DSM-5. 高橋三郎・大野裕（監訳）（2014）：DSM-5　精神疾患の診断・統計マニュアル．医学書院．

稲垣真澄（2008）：発達性協調運動障害と運動機能の特異的発達障害．有馬正高（監修）発達障害の基礎, 22-24, 日本文化科学社．

日本精神神経学会　精神科病名検討連絡会（2014）：DSM-5病名・用語翻訳ガイドライン（初版）. 精神神経学雑誌, 116(6), 429-432.

吉永真衣・吉田ゆり（2011）：微細脳障害から学習障害・注意欠陥多動性障害・発達性協調運動障害へ. 鹿児島純真女子大学院人間科学研究科医紀要, 第6号, 41-47.

診断・医療

8. CD　コミュニケーション症群／コミュニケーション障害群

1. トピック（解説）

　「コミュニケーション障害」という用語は、広く一般に使用されているが、DSM-5での「コミュニケーション症群／コミュニケーション障害群」では神経発達症／神経発達障害に分類されており、後天性のコミュニケーション障害を含んでいない。非言語的コミュニケーション行動を含むコミュニケーション障害を想定し、下位分類として、言語症、語音症、小児期発症流暢症、社会的コミュニケーション症状、及び他の特定されるまたは特定不能なコミュニケーション症群がある。

　言語症／言語障害（Language Disorders）は、知的能力障害または全般的発達遅延によって説明できず、年齢から想定される言語能力に比べて到達度が低い状態である。DSM-Ⅳでのコミュニケーション障害や、特異的言語障害（Specific Language Impairment）とも呼ばれている障害に対応しているように思われる。

　語音症／語音障害（Speech Sound Disorders）は、言語病理学での構音運動の障害と考えられる機能的構音障害と大脳の機能障害と考えられる音韻障害を含んだ概念と思われる。したがって、器質的構音障害や神経学的な原因に起因する構音障害や、聴覚障害による障害とは区別されている。

　小児期発症流暢症（吃音）／小児期発症流暢障害（吃音）（Childhood-Onset Fluency Disorder（Stuttering））は、従来からの吃音の概念とほぼ共通と思われる。「吃音」という表現から流暢性に焦点をあてる表現に変更されてはいるが、吃音以外の流暢性障害は小児期発症流暢症には含まれていない。また、成人期に明らかになる吃音とは区別され、小児期に発症される吃音を対象としている。

　社会的（語用論的）コミュニケーション症／社会的（語用論的）コミュニケーション障害：（Social〔Pragmatic〕Communication Disorder）は、言語やコミュニ

表1　DSM-5におけるコミュニケーション症／コミュニケーション障害の下位分類

- 言語症／言語障害：Language Disorders
- 語音症／語音障害：Speech Sound Disorders
- 小児期発症流暢症（吃音）／小児期発症流暢障害（吃音）：Childhood-Onset Fluency Disorder（Stuttering）
- 社会的（語用論的）コミュニケーション症／社会的（語用論的）コミュニケーション障害：Social（Pragmatic）Communication Disorder
- 特定不能のコミュニケーション症／特定不能のコミュニケーション障害：Unspecified Communication Disorder

ケーションの社会的使用に困難さを示すことが特徴である。したがって、コミュニケーションや会話のルールに従うことや、聞き手の状況に合わせて言葉づかいを変えること、などが困難となる。この社会的コミュニケーション症は、自閉スペクトラムがある場合には、自閉スペクトラム症／自閉症スペクトラム障害が診断としては優先される。

特定不能のコミュニケーション症／特定不能のコミュニケーション障害（Unspecified Communication Disorder）は、コミュニケーション症、もしくは神経発達症群の診断基準を完全には満たさない場合である。

2. エフォート（取り組み／実践）

コミュニケーション症群は上述のように多彩である。共通であるのは、知的能力障害または全般的発達遅延によって説明できないという点である。いわゆる発話に限定されている症状から、非言語能力は正常であるにもかかわらず言語のみに問題が現れる症状、そして言語機能そのものには問題はないが社会的な使用に問題がある症状までと広い。これらのうち、発話に限定されている語音症に関しては治療によって継時的に改善し、成人になるまで継続することは稀である。一方、やはり発話に限定された症状を呈する小児期発症流暢症は、80〜90％が6歳までに発症し、そのうち65〜85％の子どもたちが回復し、8歳児の流暢性の重症度が予後を予測するという。言語症は、使用言語の種類によりその症状が異なる。英語圏での単語の語尾変化などに関する形態素使用の障害に対応する日本語での症状は明確でないと思われる。しかし、語彙発達が遅れる群については日本において約1％の出現頻度と報告されている。社会的（語用論的）コミュニケーション症は、古くから報告されてきているが、自閉スペクトラム症との関連に関してはまだ明確ではない。

3. アジェンダ（問題点と今後の課題）

コミュニケーション症群と（限局性）学習障害、自閉スペクトラム症などとの鑑別は、今後の課題であろう。DSM-5 では、（限局性）学習障害の中に音読ができても読解が困難な症状が記載されている。この症状は言語症の中の語彙発達が遅れているケースに当てはまる。また、相手の意図を把握できずに生じるコミュニケーションの障害は、自閉スペクトラム症にても認められる症状である。社会的コミュニケーション症との明確な鑑別に関しては将来検討される必要があろう。さらに語音症は、「単語」の「語」ではなく「言語音」の「語」である。さらなる用語の整備が必要であろう。

（宇野 彰）

● 診断・医療

9. DS ダウン症

1. トピック（解説）

　Down Syndrome（ダウン症）は1866年にイギリスの医師ダウン（Down, L.）によって紹介されたことに由来する。ダウン症の原因は21番目の染色体の異常であり、21番目の染色体が1本多い21トリソミー型（94～96％）、過剰な染色体が他の染色体にくっついている転座型（約2％）、体の中の部分によって染色体が46本の細胞と、1本多い47本の細胞がモザイク状に入り交じったモザイク型（1～2％）がある。こうした染色体異常の原因は明らかになっていない。

　ダウン症の発見・診断は染色体検査によるもので、誕生から数か月の間にほとんどの者が診断を受けることが多い。出生頻度は国や人種に関係なく、新生児あたり650～1000人に1人の割合と言われており、母体の加齢により発生頻度が増加することが報告されている。近年は出生前診断も導入されている。

　ダウン症は、その染色体異常によりさまざまな身体的・精神的なハンディキャップを負う者が多い。いまだに詳しく解明されていないが、染色体の数が多いことによる細胞の働きの違いが身体や脳の細胞の成長に異常を生じさせることが指摘されている。知的障害、先天性心疾患、肥満、筋緊張の弱さ、頸椎の不安定さ、眼科的問題（先天性白内障、眼振、斜視、屈折異常）、難聴等が見られる場合があるが、必ず合併するわけではない。また、知能の発達は個人差が大きく、比較的良好な場合から重度の知的障害を有する場合まである。知能指数はIQ30～70の広範囲にあることが多く、IQ30～59の者が約80％を占めている。地域の発達支援・療育センターなどで早期（0歳）からの対応がなされており、その効果は知的機能の発達をはじめとする諸機能の発達に有効であることが多くの研究から検証されている。大学教育を受ける者や俳優・芸術家などとして活躍する者、運転免許や諸資格を取得して専門的な職業に就く者もいる。

2. エフォート（取り組み／実践）

　ダウン症には発達期に応じて療育・教育の主となるテーマがある。乳幼児期（0～2歳）は家庭で過ごす者が多く、病院や保健センターなどの専門機関で理学療法や作業療法などの専門療法により、皮膚・身体運動感覚を養い、緊張低下による柔らかい関節・身体の適切な動かし方を学ぶ。幼児期（3～5歳）になると多くは、障害児通園施設で療育を受け

表1 ダウン症のStrengthを活かした支援

優れている点	弱い点
• 視空間機能 • 社会的スキルの習得 • ノンバーバル対人関係 • 音楽リズム（歌、演奏、ミュージカル） • 表現（演劇、絵画、書道、工芸） • 性格行動特性（社交的、明朗活発、勤勉）	• 健康・運動（合併症、低体力、肥満、平衡機能、動作がゆっくり） • 言語性短期記憶 • 発音不明瞭 • 数概念、算数 • 性格行動特性（頑固、切り替えが悪い、過緊張／過剰適応）

る、あるいは保育所・幼稚園でインクルーシブ保育を受ける。社交的で他者との交流がうまいと言われることが多いが、一方で、大きな集団や新奇な活動への不安や過敏さ、切り替えの難しさなどがあり、適切な行動コントロールを発揮することに時間を要する者も少なくない。義務教育段階ではインクルーシブ教育の推進に伴い、通常学級に在籍するダウン症児が2割を超え増加傾向にあるが、小学生の約6割、中学生の約5割の者が特別支援学級に、小学生の約1～2割、中学生の約4割の者が特別支援学校に在籍している。義務教育終了後は、知的障害特別支援学校高等部へ進学する者が最も多い（約9割）が、なかには普通科や定時制の高等学校や専門学校などへ進学する場合がある。卒業後は、そのほとんどが就労に従事し、障害程度に応じて企業などで働く一般就労と福祉施設などで就労継続支援や生活介護支援などのサービスを受けている。

3. アジェンダ（問題点と今後の課題）

ダウン症は、従来短命とされてきたが、医学の進歩に伴う健康管理や社会経済の発展が社会全体の長命化傾向を促進するのに伴い、ダウン症においても長命化・高齢化がもたらされた。それによって成人期～壮年期の暮らしや老化の問題が顕在化してきた。また、成人期に至り急激に社会生活能力の低下を示す「急激退行」の問題もある。しかし、成人期以降の実態は十分に把握できていないのが現状である。また、出生前診断の導入に伴い、生命倫理や家族へのサポートなどの重要さも指摘されているが、その研究は緒についたばかりで、今後、さらなる議論が求められる。

（菅野 敦）

文献

菅野敦・玉井邦夫・橋本創一・小島道夫（編）（2013）：ダウン症ハンドブック〈改訂版〉——家庭や学校・施設で取り組む療育・教育・支援プログラム．日本文化科学社．

診断・医療

10. CP　脳性麻痺

1. トピック（解説）

　脳性麻痺（Cerebral Palsy: CP）とは、脳が原因で起きる運動障害の総称であり、単一の疾患名ではない。脳性麻痺の定義は、「受胎から新生児期（生後4週間）までの間に生じた脳の非進行的病変に基づく、永続的なしかし、変化しうる運動及び姿勢の異常である。その症状は満2歳までに発現する。進行性疾患や一過性の運動障害または将来正常化するであろうと思われる運動発達遅延は除外する」とされている。つまり、脳の発達が未熟な時期における何らかの要因がもととなっておきる、運動と姿勢の障害で、その原因は問わないというものである。したがって、成長してから後天的に受けた障害（脳炎や頭部外傷など）によるものは含まず、また、その運動・姿勢の障害は一過性のものではなく永続的なものであり、成長に伴う多少の改善や二次的な障害（たとえば、関節の拘縮など）による増悪（ぞうあく）はあるものの、一般に固定された障害である。また、多くの脳性麻痺児に見られる知的障害の合併の有無は、定義上関係なく、したがって、脳性麻痺では多彩な知的障害の子どもが存在する。

　脳性麻痺は症状の名称であり、主な原因は、脳奇形、感染症（サイトメガロ・ウィルス感染、他）などの胎児期に原因があるもの、出生時や新生児期の低酸素脳症、脳血管障害（脳出血、脳室周囲白質軟化症、他）、核黄疸など、さまざまな原因による。症状は脳障害の程度・部位によってさまざまであり、運動障害単独のほか、知的障害、聴覚・視覚障害、諸臓器の疾患を伴う重複（ちょうふく）障害も見られる。近年の傾向として、新生児医療を含む小児医療の急激な進歩に伴い、非常に症状の重い脳性麻痺児の救命率の向上や、医療のニーズが高い子どもの増加が指摘されている。

2. エフォート（取り組み／実践）

　脳性麻痺の原因のうち、核黄疸（新生児期のビリルビンの脳沈着による障害）などの医学的な対応が可能なものは大きく減少している。逆に、新生児医療の発達に伴い、低出生体重児の救命率が著明に改善してきたが、非常に小さく出生した赤ちゃんの合併症として呼吸障害に伴う低酸素脳症や脳室周囲白質軟化症は増加傾向にあると考えられている。

　一方、脳性麻痺に対する医学的対応として、従来から行われている脳性麻痺児に対するリハビリテーションが、より広い範囲で行われるようになってきた。かつては一部の専門

病院中心に行われてきたが、徐々に地方や一般病院へも浸透しつつある。このように、脳性麻痺では、「生命を守る医療」に加え、さらに「QOLを向上する医療」への意識改革が進みつつあるといえよう。一方で、二次障害である「関節の拘縮」の予防は、脳性麻痺児のQOLの維持に重要である。家庭や学校も含めた日常生活のなかにも、リハビリテーションの視点が求められている。

近年、脳性麻痺児によく見られる「筋の突っ張り」に対し、従来の筋緊張を和らげる経口薬では十分に効果が得られないケースで、ボトックス（ボツリヌス毒素製剤）やバクロフェン髄腔内持続注入といった新しい治療法が行われていることや、さまざまな脳性麻痺に伴う症状（脊柱側弯、筋緊張、運動障害など）に対していろいろな治療法が提案されており、こうした新しい治療によりさらなるQOLの向上が期待される。

表1　脳性麻痺のある人への支援の課題

1. より重症な脳性麻痺児の増加
2. 適切なリハビリテーション
3. 新しい治療法の開発
4. 教育・福祉体制の充実

3. アジェンダ（問題点と今後の課題）

脳性麻痺では、さまざまな医学的アプローチが急速に進んできた反面、社会的対応が追いついていないといわざるを得ない。先に述べたリハビリテーションの対応も、より早期から、継続可能な形で行われていく必要がある。さらに、重度重複障害の高度化、医療ニーズの高い「超重症児」に対する「医療的ケア」の対応は急務であり、とくに、入所・通所施設の受け入れ問題や、特別支援学校をはじめとする教育体制の充実、それらの職員の教育など、さまざまな問題が浮上している。こうした症状が重い子どもでも在宅で療養することが急速に増加しており、在宅生活を支援する「在宅医療」の整備や、超重症児に対応できる福祉サービスの充実が求められている。

（吉野　浩之）

文献

日本リハビリテーション医学会（監修）（2014）脳性麻痺リハビリテーションガイドライン〈第2版〉．金原出版．

吉野浩之（2010）：脳性麻痺などの先天性疾患．日本医師会（編）在宅医療——午後から地域へ，207-210，医学書院．

診断・医療

11. ウイリアムズ症候群

1. トピック（解説）

　ウイリアムズ症候群は7番染色体長腕11.23（エラスチン遺伝子周辺の1.6Mbの領域）の部分欠失を原因とする隣接遺伝子症候群であり神経発達障害をきたす。臨床的には低身長、軽度～中等度の知的障害、短い眼瞼裂、大きな口、低い鼻根と小さな上向きの鼻、隙間の大きい歯、ふっくらした唇などの特徴的な顔貌（Elfin face：妖精様顔貌）、大動脈弁上部狭窄症を代表とする先天性心疾患を認める。新生児期に高カルシウム血症を認めることもある。これらの臨床症状から臨床的にウイリアムズ症候群を疑い、染色体検査（FISH法）で7q11.23の欠失を証明すると確定診断できる。言語能力の優位性と視空間認知能力の障害という認知能力のばらつきが大きいことが特徴である。表出言語が流暢であることが多く、音楽的な能力に優れる反面、視覚認知機能（とくに視空間認知）の障害を認める。積み木の模様構成や描画課題で困難さが強いが、顔の認識能力は優れている例もある。初対面の人にも躊躇なく接することができる過度のなれなれしさと表現される特徴（hypersociability）をもち、高い社交性を示す。一方、特定の音や場面に対する不安が強く、不安のコントロールが困難なこともある。ウイリアムズ症候群固有の障害福祉制度はこれまでなかったが、2015年7月1日から指定難病として医療費助成の対象となる。知的障害の程度によって療育手帳、発達障害的側面での問題や二次的な精神症状が目立つ場合は精神障害者保健福祉手帳、心疾患の程度によっては身体障害者手帳が利用できる。

2. エフォート（取り組み／実践）

　特有の顔貌と先天性心疾患（とくに大動脈弁上部狭窄症）があると診断は容易だが、前提として、本疾患を疑わないと診断は困難である。本症候群を疑えば保険診療で算定できるFISH法により染色体分析で確定診断をつけることができる。逆にいうと本疾患を知らない（鑑別にあがらない）と診断は困難になる。発生頻度は2万人に1人といわれていたが、最近では7500人に1人程度といわれており、希少難病とはいえない。視空間認知障害の原因として視覚認知の背側経路の障害が腹側経路に比べて強いことが明らかになり、読字障害・書字障害のモデルとして検討が進んでいる。自閉症の真逆のようなhypersociabilityや特定の音や場面に対する不安には扁桃体の関与が示されており、発達障害で認める対人関係障害を神経生物学的な障害として説明するためのendophenotype

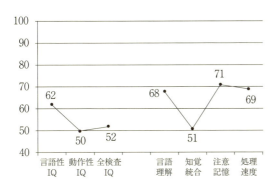

図1　ウイリアムズ症候群の発達特性

11歳7か月男児（自験例）のWISC-IIIを示す。視覚認知の低さが目立ち、FIQは軽度～中等度の知的障害と判断された。14歳時に施行された田中ビネー知能検査ではIQ68と軽度知的障害～境界域IQと判断された。田中ビネーのIQ68はWISC-IIIの言語理解と同等で、田中ビネー検査では言語能力を中心とした評価になり、視覚運動系を加味した総合的な能力を評価されない可能性がある。視覚運動課題の評価できるWechsler系の知能検査の実施が全体像の把握には必要である。

モデルとしても注目されている。

幼児期学童期は愛らしく、言葉も豊富でムードメーカーであり、学校生活では情緒的な安定感から、良好な社会適応が期待される。就労も平均的IQは59といわれており障害者雇用での就労が期待でき、面接では流暢な会話で雇用者側に過度の期待感を抱かせることになる。実際の作業能力は視覚認知機能の障害から多くを期待できないことが多い。反面、妙になれなれしい態度や特定のものへの不安や拒否から、失礼やわがままといった否定的な評価をうけることもある。図1に発達特性の具体例を示す。

3. アジェンダ（問題点と今後の課題）

豊かな言語能力により、障害のある状態で社会生活を送る困難さを社会にアピールできる。障害理解の啓発にはきわめて適した特性ではあるが、障害者雇用や就労支援事業のなかで実際に業務に携わると、喋れるがゆえの誤解が発生し、作業効率の低さから否定的な評価をうける対象になりかねない。自閉症の真逆の特性をもつにもかかわらず、社会の生きにくさは自閉スペクトラム症／自閉症スペクトラム障害の人と同じかそれ以上で、もちあげられるだけに落とされたときのショックも大きいものがある。

（林　隆）

文献

Morris, C. A. & Lenhoff, H. M.（編集），Wang, P. P. editors（2006）: Williams-Beuren Syndrome: Research, Evaluation, and Treatment. Baltimore, Johns Hopkins University Press.

中村みほ（2009）: 小児の高次脳機能障害臨床のトピックス――ウイリアムズ症候群の視覚認知機能．認知神経科学，11(1)，48-53.

大澤真木子・中西俊雄（監修）松岡瑠美子・砂原眞理子・古谷道子（編）（2010）: ウイリアムズ症候群ガイドブック．中山書店．

診断・医療

12. プラダー・ウィリー症候群

1. トピック（解説）

　プラダー・ウィリー症候群は ICD10 コード Q871（病名変換コード KFJ7）として多系統におよぶその他の明示された先天奇形症候群（Q87）に分類されている。原因は染色体15番の母親または父親の染色体のどちらかの遺伝子しか働いていない q11-13 領域の父親由来の染色体の欠失があるか、染色体15番が2本とも母親由来になってしまい、父親染色体上の刷り込み遺伝子がなくなることで発症する先天異常症である。父親が保因者による兄弟発症例はあるが、ほとんどは孤発例である。人口1万から1万5000人に1人の頻度で見られ、日本には約2000人の患者がいると推計されている（Ehara et al., 1995）。主な症状として、新生児期から乳児期の筋緊張低下と哺乳障害、新生児期は哺乳障害と体重増加不良のためチューブ栄養、1歳から6歳に始まる食欲の亢進と体幹部中心の肥満、特徴的な顔貌（アーモンド状の目、狭い前頭部、下向きの口角など）、性腺機能不全と外性器低形成・二次性徴発来不全、知的発達障害、低身長、過食症・盗み食いなど食べ物に対する執着を特徴とする（永井他、2011）。知的発達障害の程度は軽度〜中等度が多いが、IQから予測されるより、社会適応能力が低い。これは過食、食べ物を盗む、かんしゃく、嘘をつく、情緒不安定などの行動の問題に加え、頑固、自傷行為、過眠、不活発、妄想などの精神症状の合併がその他の知的発達障害と比較して有意に高いことが関係している（Hiraiwa et al., 2007）。これらの行動は食欲の亢進に伴う衝動的な摂食行動があり、自尊心が低下しやすいための二次的な障害である可能性もあるが、プラダー・ウィリー症候群の行動には、異常な摂食行動、反復的常同的行動、収集癖があり、これら行動は、前頭側頭葉症候群の行動特性と類似し、眼窩前頭葉、前部側頭葉の機能障害の可能性がある（Ogura et al., 2008）。MRIによる患者の脳容量解析の結果、実際に患

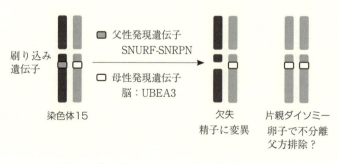

図1　プラダー・ウィリー症候群の発症機構
父親由来の染色体 15q11-13 の欠失（プラダー・ウィリー症候群の73％）、または染色体15番が2本とも母親由来となる片親ダイソミー（プラダー・ウィリー症候群の25％）

者では眼窩前頭葉が小さいことが報告された（Ogura et al., 2011）。このことは、父親由来の染色体15q11-13領域のプラダー・ウィリー症候群の原因遺伝子の機能がなくなることで、眼窩前頭葉の発達障害と機能障害が起こるために、異常な摂食行動と問題行動が起こる可能性が示唆される。

2．エフォート（取り組み／実践）

プラダー・ウィリー症候群の低身長に対して、成長ホルモン療法が承認されている。成長ホルモンは脂肪を減少させ、筋肉量を増加させるため、成長ホルモン療法中は肥満が抑制され、低身長が改善される。多くの患者が成長ホルモン療法を受けており、毎日の食事量を身長、体重、BMIに基づく必要なエネルギー量以内に厳しく管理することを併用することで、小児期の顕著な肥満は少なくなってきており、小児期の糖尿病の発症は抑制できている（永井他、2011）。しかし、成長ホルモン療法中止後は、肥満が出てくる可能性がある。強迫的な問題行動についてはセロトニン再取り込み阻害剤の投与によって一部改善できることがある。皮膚のかきむしりは抗てんかん薬のトピラメートの効果が報告されている（永井他、2011）。

3．アジェンダ（問題点と今後の課題）

プラダー・ウィリー症候群では、肥満の予防、問題行動、精神症状への対応が重要になる。食べ物や食べ物を購入できるお金に接触できないようにする管理が必要である。また、食欲亢進に伴う衝動的な摂食行動だけでなく、注意欠陥多動性障害に見られる不注意やその他の多動衝動性、自閉症スペクトラム障害に見られるこだわりや対人スキルの未熟さもある。これらの発達障害に準じて、ペアレントトレーニングやソーシャルスキルトレーニングによって、自尊心・セルフエスティームを低下させないかかわり方が必要である。

（大野 耕策）

文献

Ehara, H., Ohno, K. & Takeshita, K. (1995): Frequency of the Prader-Willi syndrome in the San-in district, Japan. Brain Dev, 17, 324-326.

Hiraiwa, R., Maegaki, Y., Oka, A. & Ohno, K. (2007): Behavioral and psychiatric disorders in Prader-Willi syndrome: a population study in Japan. Brain Dev, 29, 535-542.

永井敏郎・緒方勉・横谷進・大野耕策（2011）：Prader-Willi症候群の基礎と臨床．診断と治療社．

Ogura, K., Shinohara, M., Ohno, K. & Mori, E. (2008): Frontal behavioral syndromes in Prader-Willi syndrome. Brain Dev, 30, 469-476.

Ogura, K., Fujii, T., Abe, N., Hosokai, Y., Shinohara, M., Takahashi, S. & Mori, E. (2011): Small gray matter volume in orbitofrontal cortex in Prader-Willi syndrome: a voxel-based MRI study. Hum Brain Mapp, 32, 1059-1066.

診断・医療

13. TS　トゥレット症

1. トピック（解説）

　チックは、突発的、急速、反復性、非律動性の運動あるいは発声である。チックを主症状とする症候群がチック症であり、アメリカ精神医学会（APA）の精神疾患の診断・統計マニュアル（DSM-5）では神経発達症群に含まれる。チック症のなかでも、運動チックと音声チックの両方を有してチックの持続が1年以上である慢性チック症が、トゥレット症（Tourette's Disorder）である（表1）。しばしばトゥレット症候群（Tourette Syndrome）とも呼ばれる。

　チックは、典型的なチック（単純チック）、それよりも持続時間がやや長くて意味があるように見えるチック（複雑チック）にも分けられる。最もよく知られているチックは単純運動チックであり、その代表が瞬きなどの目のチックである。単純音声チックでは、咳払いが最も多い。複雑音声チックに、コプロラリア（汚言症：社会に受け入れられない、しばしば卑猥な単語を言ってしまうこと）、エコラリア（反響言語：他の人のいった言葉などのくり返し）があり、かつてはトゥレット症の特徴とされたが、現在は診断に必須ではない。

　チックにはやらずにはいられないという抵抗しがたい感覚（前駆衝動）をしばしば伴い、それを認識する者が10歳以上で増す。前駆衝動はトゥレット症の生活の質（QOL）に悪影響を与えるとされている。

　トゥレット症の経過を見ると、チックは10歳代半ばには最悪時を迎えて20歳までに軽快に転じる場合が3分の2以上とされる。しかし、少数例で成人後も激しいチックを認める。

表1　DSM-5によるチック症の分類

	チックの種類		持続期間
	運動チック	音声チック	
暫定的チック症	○		1年＞
		○	
	○	○	
持続性（慢性）運動チック症	○		≧1年
持続性（慢性）音声チック症		○	≧1年
トゥレット症	○（多彩）	○	≧1年

注）いずれも18歳以前に発症している

　トゥレット症は、さまざまな精神疾患を伴うことが特徴的で、併発症のほうがQOLを損なうこともある。代表的な併発症は、強迫症（OCD）、注意欠如多動性障害（ADHD）

である。自閉症スペクトラム障害とお互いに併発することも稀ではない。

チックは子どもの5〜10人に1人が一時的に有するとされ、トゥレット症に限っても頻度が1%弱と低くない。

2. エフォート（取り組み／実践）

トゥレット症のなかでもチック及び併発症が軽症から重症まで幅が広く、その的確な把握に基づいて治療・支援を行う。家族ガイダンス、心理教育及び環境調整は常に治療の基本であり、チックや併発症があっても本人が発達し適応していくことをめざして、本人及び周囲の人々に理解を促す。その際に、チックは親の育て方や本人の性格に問題があって起こるのではないと伝えて、チックの特徴を理解して上手に付き合っていくことを勧める。また、チックを本人の特徴の1つとして受容すること、チックのみならず長所も含めた本人全体を考えて対応することを促す。

チックが重症であれば、薬物療法を行う。薬物療法の中心は抗精神病薬であり、最近では非定型抗精神病薬のアリピプラゾールやリスペリドンから開始されることが多い。非抗精神病薬としては、a_2受容体作動性の降圧薬であるクロニジンがある。併発する強迫症状、ADHD症状などを標的にして薬物療法が行われることもある。

前駆衝動に気づいてチックと両立しない運動を行うことでコントロールをめざすハビットリバーサルという方法を中心とする認知行動療法が有効とされる。日本ではようやく効果の検討が始まったところで、本格的な実施よりもこの考え方に沿った心理教育を行うことが多い。

当事者及び家族に治療者や支援者なども加わったNPO法人日本トゥレット協会があり、トゥレット症に関する普及啓発活動などを行っている。

3. アジェンダ（問題点と今後の課題）

日本におけるトゥレット症の実態把握とそれに基づく診療ガイドライン作成の試みが最近行われているが、さらなる発展が強く求められている。とくに、海外でエビデンスが蓄積されている薬物療法や認知行動療法の効果の検証が必要である。また、学校や職場などの無理解に悩む当事者が少なからず存在することから、教育や労働などの分野も含めた支援の充実を図るとともに、社会全体でトゥレット症の認知を高める活動を推進する必要がある。

（金生 由紀子）

診断・医療

14. 重症心身障害

1. トピック（解説）

　重症心身障害とは、「重度の知的障害と重度の肢体不自由が重複している」状態のことを指す（児童福祉法第7条の2）。福祉行政上の障害区分であるため、状態像に基づく定義となっており、診断は、サービスの利用資格の認定を意味する。具体的な基準としては、「大島分類」がしばしば用いられる。これによると、知的障害の程度がIQ35以下（療育手帳A相当）で、肢体不自由については寝たきりないし座位が可能な程度（身体障害者手帳1・2級相当）の場合が重症心身障害となる。また、継続的な医学的管理の必要度が高い場合や、自傷行為等があって対応の必要度が高い場合には、知的障害ないし肢体不自由の程度が基準に達しなくても、重症心身障害児施設の利用が考慮される。なお、近年では、大島分類の改訂版である「横地分類」（図1）を用いて、状態像の記述を行う場合が増えてきている。

　重症心身障害の原疾患はきわめて多様である。代表的なものとして、胎生期に生じる染色体や遺伝子の異常とそれに伴う脳障害や脳形成異常、周産期では低酸素症や脳血管障害による脳性麻痺、生後5週以降では髄膜炎や脳炎などの感染症および不慮の事故による脳外傷後遺症があげられる。また、てんかんの合併率が50～70%と高いことや、筋緊張ないし脊柱変形（側弯）に起因する呼吸器系や消化器系の二次障害が生じやすいといった特徴が指摘されている。発生率は出生1000人あたり約1～1.5人、有病率は人口1000人あたり約0.3人と報告され、全国で約4万人と推計されている。近年では、より症状の重い障害児の生命維持が可能となり、濃厚な医療と介護が常時必要な児童が増加したことから、これらの児童は超重症児および準超重症児として区別されている。超重症児、準超重症児は運動機能（座位まで）の評価と、呼吸管理（人工呼吸器や気管切開等）、食事機能（中心静

					〈知的発達〉
E6	E5	E4	E3	E2	E1　簡単な計算可
D6	D5	D4	D3	D2	D1　簡単な文字・数字の理解可
C6	C5	C4	C3	C2	C1　簡単な色・数の理解可
B6	B5	B4	B3	B2	B1　簡単な言語理解可
A6	A5	A4	A3	A2	A1　言語理解不可
戸外歩行可	室内歩行可	室内移動可	座位保持可	寝返り可	寝返り不可

〈特記事項〉
C：有意な眼瞼運動なし
B：盲
D：難聴
U：両上肢機能全廃
TLS：完全閉じ込め状態

〈移動機能〉

図1　「横地分類」における重症心身障害分類
知的発達、移動機能、特記事項を組み合わせて、「A1-C」のように表記される。評価は定められた手続きに従って行われる。

脈栄養や経管栄養等）、胃食道逆流の有無等から算定する介護スコアによって判定される。最近の調査では超重症児と準超重症児は全国で約7000名と推計されている。

2. エフォート（取り組み／実践）

　生命および健康の維持と日常生活の広範囲にわたる介護を基盤に、人としてよりよく生きることを多方面から支援する組織的な療育が不可欠である。施設では、姿勢や運動、摂食、コミュニケーション等、心身機能の維持・拡大のためのリハビリテーション、および食事や入浴、余暇といった日中活動の療育プログラム等が提供されている。特別支援学校では、児童の実態に合わせた柔軟な教育課程での授業が設定される。また、通学が困難な場合でも、病棟や自宅で授業が受けられる訪問教育が整備されている。

　重症心身障害児・者では、コミュニケーションの支援が社会参加との関連できわめて重要な課題となる。種々のコミュニケーション行動が運動障害による制約を受けるとともに、感覚障害のために働きかけの受容が困難な場合も多い。そのため、支援においては、現有の機能の活用と周囲の環境（人を含む）の調整を通して、Yes/Noや要求等の意思伝達を確立することに重点が置かれる（例としてAACやインリアル法）。一方、近年では、人の働きかけに対する注意や期待といった初期認知発達の検討が進み、コミュニケーションにおける意思伝達の獲得やシンボルの理解との関連が明らかにされてきた。この点からは、コミュニケーションの獲得プロセスをふまえた発達支援の視点も、実践上重要であると指摘できる。

3. アジェンダ（問題点と今後の課題）

　医療の進歩で生命予後が格段に安定したことからは、QOLやその基盤となるコミュニケーションの支援が今後一層重要な実践課題となろう。一方、高年齢化の進行や在宅生活者の増加といった現状からは、成人期の支援の充実、地域サービスの充実、超・準超重症児への支援の充実等が、今日的な課題として指摘されている。なお、入所施設やNICUが生活の場となる人が多いことを考慮すると、障害者の社会参加やインクルーシブ社会とはどうあるべきか、改めて問う議論も大切であろう。

〔雲井 未歓〕

文献

江草安彦（監修）(1998)：重症心身障害療育マニュアル〈第2版〉．医歯薬出版．
小池敏英・三室秀雄・神山　寛・佐藤正一・雲井未歓（編著）(2014)：障害の重い子供のコミュニケーション指導．ジアース教育新社．
横地健治(2006)：重症心身障害児・者の判定表〈改訂版〉私案．独立行政法人福祉医療機構（高齢者・障害者福祉基金）助成「重症心身障害児（者）の支援体制のあり方に関する調査研究事業」報告書．

診断・医療

15. 構音障害

1. トピック（解説）

　構音（発音）にかかわる困難は、原因によって「機能性構音障害」「器質性構音障害」「運動障害性構音障害」の3つの種類に大別される。

　幼児期の構音障害で最も一般的なタイプは、構音器官に異常はなく、まひなどの神経学的問題がないにもかかわらず、子音の省略、別の子音への置換、歪みなどが生じるものである。日本の言語聴覚学では機能性構音障害と呼ばれるが、DSM-5では「語音症／語音障害」に該当する。表1に示すような誤構音のパターンがある。機能性構音障害は、幼児期の未熟な構音が残存し習慣化したものという考え方もあるが、「カニ」を「タニ」と発音するような、一般的には幼児期に起こらないパターンもある。子音の省略や置換が多ければ意思疎通に支障をきたすことがある。幼児であれば単に未熟な構音として聞き手にさほど違和感を与えない誤構音であっても、学齢期になれば聞き手だけでなく本人も気にすることになり、からかいやいじめの契機になる場合も少なくない。会話に消極的になったり、登園や登校を拒むようになったりするなどの二次的な心理面の問題が生じやすい。

　口唇裂や口蓋裂のような構音器官の構造の異常による構音の困難を器質性構音障害と呼ぶ。口唇裂や口蓋裂では、母乳を飲むなど栄養摂取にも支障を生じるため、早期に形成外科的な処置が講じられるが、多くの児では幼児期以降も発話に聞き取りにくさがある。本来は口腔のみに呼気が通って発音される音が、鼻腔にも流れるため（鼻咽腔閉鎖不全）、全体的に鼻に抜けた開鼻声になる。母音が鼻音化するだけでなく、[p]や[t]といった口腔内に圧力を高めて産出する子音が、異なる子音（[p]は[m]、[t]は[n]など）に聞こえることにより、発話全体が不明瞭になる。

　筋肉のまひや協調運動の困難など神経学的な問題による構音障害は運動障害性構音障害と呼ばれる。原因や症状によって弛緩性構音障害、痙性構音障害、失調性構音障害などに分類され、脳性まひによる構音の不明瞭さはここに含まれる。

2. エフォート（取り組み／実践）

　構音に問題のある子どもに対しては、自由会話や「構音検査」絵カードの呼称における構音の状態を系統的に記録・分析する。発音における音の省略、歪み、置換を音声記号によって記録し、表1に示したような誤構音のパターンを明らかにする。この他にも、舌の

表1 構音障害の種類と誤構音パターンの例

- 機能性構音障害／語音症／語音障害
  構音器官の形態異常はなく、神経学的な問題もないが、比較的一貫性のある置換や歪みが特徴

  機能性構音障害にみられる誤構音のパターンの例
  - 拍・音節の削除　　バナナ /banana/ → [bana]
  - 破裂音化　　　　　かさ /kasa/ → [kata]
  - 軟口蓋音の前方化　カメ /kame/ → [tame]
  - 後部歯茎音化　　　さかな /sakana/ → [ʃakana]

- 器質性構音障害
  口蓋裂など構音器官の形態的な異常によるもの
- 運動障害性構音障害
  神経学的な原因によるもの

運動の巧緻性や、2つの音の異同を聞き分けることができるかどうかという語音弁別についても調べる。

構音の改善をめざす指導・訓練では、複数の誤りのパターンがあれば優先順位をつけ、構音が容易な単音節における子音から指導を開始する。音節の連続にはより複雑な運動の企画やコントロールが必要であるため、音節から単語、文と複雑さが増すほど、子音の歪みや省略、置換が起きやすくなる。正しい構音の自由会話における般化をめざす。

構音障害は単に構音運動と関連があるだけでなく、語頭音、語尾音を抽出するしりとりのように、言葉の音形を意識化する「音韻意識」に困難を示すこともある。構音指導においては、単語の正確な音形を意識化できることも必要であり、文字が読める子どもの場合には、文字を使って単語を組み立てさせることによって音のつながりを意識させる。

3. アジェンダ（問題点と今後の課題）

構音の誤りには複数の要因が関与する場合もある。たとえば、ダウン症児の構音の不明瞭さには、口腔の狭さという構造の特徴や、舌や口唇といった構音器官の運動の企画や遂行の困難、単語を音節ごとに分解する音韻意識の不十分さなどがあると考えられる。言葉にかかわる障害は多層的であり、子どものニーズを多面的に捉えて支援につなげていく必要がある。また、脳性まひに伴う構音障害のように発話が著しく不明瞭で意思疎通に困難がある場合には、言語音を産出するタブレット端末等の機器や絵・シンボルの指さし、手話的なサインといった音声言語以外の拡大（補助）・代替コミュニケーション（Augmentative and Alternative Communication: AAC）も支援方法の選択肢として考えたい。

（大伴 潔）

文献

加藤正子・竹下圭子・大伴潔（編著）(2012)：特別支援教育における構音障害のある子どもの理解と支援. 学苑社.

診断・医療

16. 発達障害と愛着障害

1. トピック（解説）

　愛着障害は、愛着の形成に問題やこじれが生じた状態である。発達障害と愛着障害は大変に複雑な絡み合いを示す。しかしこの問題が注目をされるようになったのはごく最近のことである。第一に、発達障害のある人には愛着形成の遅れが生じることが少なくない。とりわけ自閉症スペクトラム障害（Autism Spectrum Disorder: ASD）を代表とする社会性の障害および、注意欠如多動性障害（Attention Deficit / Hyperactivity Disorder: ADHD）など、多動性行動障害を有する児童において愛着形成が9歳前後になることは稀ではない。またこれらの発達障害をもつ子どもの親の側に、発達障害とまではいかないよく似た生来の認知傾向を有する場合においても、親子の愛着形成は遅れることが多い。その一方で、子ども虐待など、重篤な反応性愛着障害によって生じる症状は、発達障害に非常によく似た臨床像を呈することが知られている。重篤なネグレクトのなかで育った子どもはときにASDの臨床像を呈することが知られており、一方、愛着形成の不全というレベルの場合には、多動性行動障害を呈し、ADHDとの鑑別は非常に困難である。ASDにしてもADHDにしても、とくに知的障害がない事例において診断が遅れたとき、子ども虐待の高リスクになることが知られていて、実際に発達障害と子ども虐待とが同時に認められる事例も多い。このような場合には当然愛着の形成は二重の障害がもたらされることになる。

　21世紀になって子ども虐待が脳の器質的、機能的な変化を引き起こすことが明らかになった。杉山（2007）は多数の子ども虐待の事例に対応するなかで、子ども虐待そのものが愛着障害を核にした発達障害症候群と捉えることができることを提示し、第四の発達障害と命名した。しかしこのような事例においても、子ども虐待による世代間連鎖が生じた場合、元々の発達障害に基盤がある事例に子ども虐待が生じたのか、子ども虐待によって発達障害類似の症状が現れたのか、鑑別はきわめて困難になる。むしろこのような「発達障害」は以前から存在したと筆者は考えるようになった。

2. エフォート（取り組み／実践）

　発達障害臨床のなかで今日、次のような組み合わせに遭遇することが非常に多い。子どもはASDあるいはASDとADHDの併存が認められる事例で、親は広範な自閉症発現型

16. 発達障害と愛着障害

表1　DSM-5における愛着障害の診断基準の概略

反応性愛着障害
- A. 苦痛なときでも安楽を求めない・反応しない
- B. 他者への交流情動の反応の欠如、陽性の感情を示さない。大人に対する理由のない、いらだち悲しみ恐怖。
- C. 極端なネグレクト、養育者の頻回の交代
- D. Cの後にAの症状が生じた

脱抑制型対人交流障害
- A. 見知らぬ大人へに対し警戒の欠如、なれなれしい身体接触、養育者への振り返りの欠如
- B. ADHDの特徴に限定されず社会的逸脱行動を含む
- C. ネグレクトおよび安定された愛着形成の機会の欠如
- D. Cの後にAの症状が生じた

(Broad Autism Phenotype: BAP) と考えられるASDと類似の認知特性をもち、親の側は被虐待歴の既往があり、現在は発達障害の子どもへの加虐を生じている。このような親の側は非定型的な気分変動を有することが多く、精神医学的診断では双極Ⅱ型の双極性障害と診断されるが、抗うつ薬の服用で悪化し、また気分調整薬による治療においても難治性である。また児童自立支援施設や情緒障害児短期治療施設において、このようなパターンの子どもたちが現在過半数を超えるようになってきた。

筆者はこのような親子に対する親子併行治療を実施してきた。その臨床経験のなかで、これらの事例を双極性障害という視点ではなく、複雑性PTSDという視点から捉えるほうが、臨床的な対応が拓けることを見出した。また、抗精神病薬および気分調整薬の微量処方、漢方薬を用いたフラッシュバックの治療、EMDRを用いた簡易精神療法によるトラウマ処理を親子に行うことで、治療的な成果をあげることに成功した。

3. アジェンダ（問題点と今後の課題）

これまで発達障害と愛着障害が複雑な絡み合いを示すことに関して十分な検討が行われてこなかった。この両者の絡み合いは、今後大きなテーマになるのではないかと考えられる。発達精神病理学の立場から、精神科診断学全体を発達障害とトラウマとを加えて見直すことが必要であると考えられる。

（杉山 登志郎）

文献

杉山登志郎（2007）：子ども虐待という第四の発達障害．学研．
杉山登志郎（編）（2013）：子ども虐待への新たなケア．学研．

診断・医療

17. 発達障害と聴覚障害

1. トピック（解説）

聴覚障害はさまざまな二次的困難を引き起こしやすいことが指摘されている。たとえば、音声言語の自然かつ十分な入力に制限が起こることから言語の獲得に遅れを生じやすく、コミュニケーションに齟齬が生じたり、暗黙の了解や言外の意図が汲み取れないといったことも起きやすい。また、注意力や社会性の発達に遅れや偏りを示すこともある。あなたが言葉のわからない国に急につれて行かれたと想像してみてほしい。なんとか情報を得ようときょろきょろしたり、置かれた状況が理解できずに逃げ出したくなったり、的外れな行動をとってしまうのではないだろうか。一方で、発達障害への関心・理解が広まるなかで、これらの困難は本当に「きこえにくさに起因する二次的困難」だけで説明できるのかという疑問が生じてきた。発達障害に起因する困難があったとしても、これまで「きこえないから仕方がない」と見過ごされがちであったり、適切な支援を受けられずにいた聴覚障害児の存在が示唆される。

2. エフォート（取り組み／実践）

海外では 1980 年代にはすでに、聴覚障害児における発達障害について大規模な実態調査が行われている。ASHA（1984）の報告では聴覚障害以外の何らかの困難を併せ有する者は 30.6％と報告している。わが国においては、2007 年度（濱田他、2010）、2012 年度（大鹿他、2014）に聾学校及び難聴特別支援学級・通級を対象に、文部科学省調査（2003）を原案とした全国調査がある。2012 年度に実施された第二回調査では、聾学校小学部在籍児のうち、37.4％が学習面もしくは行動面に著しい困難を示すとされた（表1）。これは聴児と同様の基準で評価されたものであること、聴覚障害の二次的困難によるものも含まれていることを鑑みても聴児における 6.9％という割合（文部科学省、2012）と比較して、より高率であることが指摘できる。一方で、教員も何らかの課題を感じてはいるものの、実際の支援や専門機関との連携は十分に進んでいない様子も示された。聴覚障害自体が聴力の程度、失聴時期、コミュニケーション手段など非常に個人差が大きいものである。聴覚障害と発達障害という二つの障害を併せ有する彼らの障害像を一概に表すのは難しい。大鹿他（2010）は全国調査結果をもとに、困難の特徴から聾学校在籍児をクラスタ分析した。小学部では「対人関係・こだわり」に困難のある群（9％）、「言語」「計算」「不注意」に

表1 学習面・行動面に著しい困難を示す児童の割合

(%)	聴児		聴障児	
	第1回(小・中)(2003)	第2回(小)(2012)	第1回(小)(2010)	第2回(小)(2014)
学習面	4.5	5.7	31.2	32.9
不注意	2.5 / 1.1	3.5 / 2.7(小・中)	9.2 / 8.0	10.1 / 8.9
多動性・衝動性	2.5 / 2.3	3.5 / 1.4(小・中)	9.2 / 3.7	10.1 / 3.7
対人関係やこだわり等	0.8	1.3	4.1	6.8
何らかの困難	6.3	7.7	33.8	37.4
担任の印象	—	—	17.6	27.7

困難のある群（17%）、「多動・衝動性」に困難のある群（9%）、「言語」に著しい困難のある群（13%）、「計算」に困難のある群（9%）、とくに著しい困難のない群（43%）の6群が抽出された。言語や社会性だけでなく、一定の情報量を扱うことに課題を示す者が少なくないことが示された。また、彼らへの教育的支援に際しては手話やイラスト等も含めて十分に通じ合えるコミュニケーション手段を確立させること、発達障害の特性とともに言語力に鑑みた指導方法の工夫、早期の気づきと介入が重要であろう。たとえばSST（ソーシャルスキルトレーニング）を行おうとしたときに、文章や会話だけでの指導では言語力の問題もあり十分な理解に到達しないことがある。そこで手話を用いてロールプレイを行ったり、動画やパソコンによるアニメ教材を用いること等が検討できる。

3. アジェンダ（問題点と今後の課題）

今後、彼らへの具体的な支援を充実させていくために、聴覚障害の二次的困難の影響をできる限り排除した評価方法を提案する、典型例を示すなど一定の鑑別方法を提案していくことが求められる。また、対象児だけでなく、保護者への支援、医療や発達障害の専門機関等との連携を含む学校体制の構築が重要な課題であると考える。

（大鹿 綾）

文献

ASHA（1984）：Hearing-impaired children and youth with mental disabilities. Gallaudet College Press.
濱田豊彦他（2010）：ろう学校における発達障害を合併する聴覚障害児に関する調査——単純集計．平成19～21年度科学研究費補助金（基盤研究(c)）軽度障害を伴う聴覚障害児の実態とその指導法に関する研究 研究成果報告書．1-18.
文部科学省（2003）：「通常の学級に在籍する特別な教育的支援を必要とする児童生徒に関する全国実態調査」調査結果．http://www.mext.go.jp/b_menu/shingi/chousa/shotou/018/toushin/030301i.htm
文部科学省（2012）：通常の学級に在籍する発達障害の可能性のある特別な教育的支援を必要とする児童生徒に関する調査結果について．http://www.mext.go.jp/a_menu/shotou/tokubetu/material/1328729.htm
大鹿綾他（2010）：学習面・行動面に著しい困難のある聴覚障害児の類型に関する一考察．特殊教育学研究，47（5），281-294.
大鹿綾他（2014）：発達障害に関する第二回全国聾学校調査について．聴覚言語障害，42（2），51-61.

診断・医療

18. 発達障害と視覚障害

1. トピック（解説）

　人間は情報の約80％を視覚から得ているといわれている。人間が周囲の事物や事象を見るための機能を視機能と呼んでおり、視力、視野、色覚、光覚、眼球運動などのさまざまな側面からなっている。視覚障害とは、この視機能の永続的かつ回復不可能な低下を総称した概念である。視覚が成立するには、生理学的には眼球、視路、視覚中枢の3者が機能する必要がある（小林、2012）。眼球の疾患には白内障や緑内障などがあり、明らかな眼球の疾患を有する場合は視覚障害以外の障害を重複する場合であっても比較的把握されることが多い。たとえば、肢体不自由特別支援学校では超未熟児出生により肢体不自由と未熟児網膜症を有する児童がしばしば見られる。視路に関しては、脳室内の脳圧が上昇する水頭症や、視神経に近いところで脳腫瘍が生じるような場合で、視神経が影響を受け視覚障害を伴うことがある。また脳の視覚野の損傷による視覚障害は中枢性（または皮質性）視覚障害といわれている（佐島、2007）。言葉によるコミュニケーションが困難な者や、知的障害や重複障害を有する者は、視覚障害が見過ごされることが多いので注意が必要である。たとえば、オランダでは知的障害者の約20％、重度および最重度の知的障害者では70％以上が視覚障害を有すると報告されている（Stolk et al., 2009）。一方、発達障害においては、視覚障害というわけではないが、視覚の活用に困難が見られる状況がよく知られており注意を要する。たとえば、視知覚障害（視機能の障害はないが、視覚を通して形態や空間を知覚する機能の障害）が脳性まひ児でよく見られる。また染色体異常を基礎疾患とする子どもでは屈折異常が高頻度で見られ、とくにダウン症の約70％が屈折異常と報告されている（佐島、2007）。さらに、学習障害等でも、視覚の活用に困難が生ずる場合があることが知られている。

2. エフォート（取り組み／実践）

　ここでは、教育分野などで近年注目されている「視覚の活用に困難の見られる児童生徒」の状況という観点から、一般の学校での視覚に関する教育相談の状況について述べる。東京都立葛飾盲学校では、2012年度より足立区、2014年度より江東区の区立小学校で「見え方の相談会」を年1回行っている。趣旨は、見ることに困難や不安を感じている児童・保護者に対して相談会を行うものであり、1・3・5年生に相談会開催のプリントを配

表1 「見え方の相談会」の相談状況

年度	区	相談者率
2012（H24）	足立	0.16%（26人／16万人）
2013（H25）	足立	0.15%（24人／16万人）
2014（H26）	足立	0.17%（27人／16万人）
	江東	0.19%（21人／11万人）

布して実施している。表1は2014年度までの相談状況であるが、複数の年度と実施場所において、相談者率がおよそ0.2%という数字が出ている。足立区では、2012、2013年度と2年にわたり1・3・5年生を対象としているので、在校生についてほぼスクリーニングされ、2014年度に案内を手にするのは新1年生のみであるが、この年の相談者率は0.17と約0.2%の相談率を記録している。この数値については今後も動向を確認していきたい。相談会の内容は、教育的視機能評価（1人あたり30分）として、①遠距離視力検査、②近距離視力検査、③最大視認力検査、また必要に応じて④簡易両眼視・立体視検査、⑤追視・輻輳検査、⑥フロスティッグ視知覚発達検査、⑦その他、それぞれの実体に応じた面接相談を行った。相談内容は、視力に問題がある、眼疾患がある、斜視と診断されている、書くことを嫌がり書いてもまっすぐ書けない、眼球運動に問題があるといわれている、視覚認知が弱いといわれているなどである。視機能や視覚認知にまつわる相談で、発達障害を想起する事例が約4割と目立っている。

3. アジェンダ（問題点と今後の課題）

複数の障害を併せ有する者の視覚機能の評価は困難な場合があり、適切な評価がなされていないこともあるようである（佐島、2007）。重度重複障害者を対象とした視覚評価手法として、テラーアキュイティーカード（TAC）の活用などの専門的知識が比較的知られるようになっているが、評価対象者の姿勢や反応等に関する実態把握、および見え方に関する環境整備なども幅広くふまえたアプローチが大切である。また、視覚の活用の困難については、アセスメント法の検討や専門的知識の普及が今後の課題としてあげられる。

(小林 巌・松島 賢知)

文献

小林巌（2012）：視覚に関する制約と支援．橋本創一・菅野敦他（編著）改訂新版 障害児者の理解と教育・支援，40-48，金子書房．

佐島毅（2007）：視覚に障害のある子どもの指導．日本肢体不自由教育研究会（監修）肢体不自由教育の基本とその展開，188-207，慶應義塾大学出版会．

Stolk, J., Arentz, T., Sterkenburg, P. (2009): Care with vision: understanding and helping people with an intellectual and visual disability. Bartimeus.

診断・医療

19. 発達障害とてんかん

1. トピック（解説）

　てんかんは、国際的な定義によれば、「さまざまな原因でもたらされる慢性脳疾患で、脳ニューロンの過剰な発射に由来する反復性の発作を主徴とし、それに多種多様な臨床症状および検査所見を伴う」とされている。すなわち、てんかん発作を繰り返す脳の病気の総称である。てんかん発作は発作が起こる身体の部位や症状、意識状態などにより、部分発作、全般発作に大別され、詳しくは「てんかん発作型分類」がなされる。そして、てんかん発作に加え、発症年齢、脳波、その他の検査所見などをもとに「てんかん（症候群）分類」が行われる。

　てんかんの原因は多種多様である。原因による分類には、脳の低形成や損傷が明らかな症候性てんかん、明らかな原因が見つからない特発性てんかん、その中間に位置する潜因性てんかんの3つがある。てんかんがある人は、有病率で表すと6～10人／人口1000人で、てんかんの発症は乳幼児と高齢者に多い。てんかんの診断は病歴、発作症状、脳波、その他の画像所見などをもとに行う。最も大切なものは発作症状である。

　てんかんの治療については、日本てんかん学会からガイドラインが出ている。一般の医療機関で治療が困難な場合は専門機関（てんかんセンター、大学など）が担当する。最近では、難治てんかんの一部は脳外科手術も行われるようになった。

　てんかんの治療予後（見通し）について、小児期に発症したものは70～80％は発作を抑制することができるが、成人期に発症したものは発作抑制がより困難である。てんかんがある人のQOL（生活・人生の質）には発作だけでなく、同じ脳に病因がある知的障害、脳性まひ、自閉症スペクトラム障害、注意欠如多動性障害等の発達障害、抑うつや不安等の精神障害などの併存障害が関与する。

2. エフォート（取り組み／実践）

　てんかんの重症度に決まった分類法はないが、発作の症状と頻度を用いることが多い。この重症度と活動の危険度をもとにつくられた管理指導表が「てんかん児の生活指導表」である（表1）。てんかんがある人の支援で問題となるのは発作と併存障害への対応である。

　てんかん発作への対応については、日本てんかん学会や日本てんかん協会のHPをはじめ、多くの書籍に記載がある。十分な事故予防ができれば、てんかんがある人も通常のす

表1　てんかん児の生活指導表（抜粋）

活動の危険度	低い	普通	高い	非常に高い
幼児	砂遊び	簡単な体操	かけっこ	水遊び
小学校1～4年	座っての学習	行進	短距離走	水泳
小学校5～中・高校	座っての学習	遅いランニング	リレー、サッカー	水泳、自転車
指導区分A～Dにつき指導場面を個人と集団に分けて可、可※、禁※、禁で示す	可から可※	可から禁※	可から禁※	可から禁　個人では禁※まで

代表的発作症状	倒れる発作	意識が混濁し、動作が調整できない発作（例：動き回る）	意識が清明で、身体を支えきれる発作
主な発作型	硬直間代発作　二次性全般化発作	欠伸発作　複雑部分発作	単純部分発作
指導区分　A	1回／日以上	対象外	対象外
B	1回／日～1回／月	1回／日以上	対象外
C	1回／月～1回／2年	1回／日～1回／月	1回／月以上
D	2年以上発作なし	1月以上発作なし	1月以上発作なし

長尾他（1996）を一部改変

べての活動に参加可能である。

　併存障害で最も多いのは知的障害で、知的障害者のてんかんのある人は一般の人の10倍以上である。自閉症スペクトラム障害や注意欠如多動性障害等の発達障害のある人では一般の人の4～5倍である。脳性まひはてんかんの合併率がとくに高く、脳性まひのある人では一般の人の20～40倍である。

3. アジェンダ（問題点と今後の課題）

　てんかんがある人の大部分は治療で発作が抑制されるが、てんかんの病名に対する社会的偏見もあって社会参加に困難が生じることが少なくない。これには、てんかんに関する正しい知識を義務教育段階ですべての人が学ぶことが望ましい。

　また、てんかんは医学的治療が行われるため、逆に学校・園や職場の関係者が自分の問題として考えず、てんかんがある人や家族任せになりがちである。本人や家族はもちろん、周囲の人々も関心をもち、てんかんに関する情報源を日常的に活用し、さらに専門機関にも積極的にアプローチして、最良の医学的治療、生活支援を受けてほしいものである。

（長尾　秀夫）

文献

長尾秀夫・中村泰子・吉松誠・森本武彦（1996）：てんかん児の生活指導表の作成——事故調査に基づく指導区分の導入．日本小児科学会雑誌，100(4)，766-773．
日本てんかん学会ホームページ　http://square.umin.ac.jp/jes/qaa.html

診断・医療

20. 発達障害と行為障害

1. トピック（解説）

　行為障害（Conduct Disorder）は「他人の基本的人権または年齢相応の主要な社会的規範または規則を侵害することが反復し持続する行動様式」であり、「人や動物に対する攻撃的行動」「器物の破壊」「窃盗や虚言」「その他重大な規則違反」がその中心となる行動特徴である。表1にあげた行動様式のうち少なくとも3つ以上が1年以内に存在し、かつ6か月以上持続していることを診断の要件としている。有病率はおよそ4%とされ、その数値は国や地域の差はないとされている。年長児に多く男児に多い。医療機関で行為障害の治療を受けている子どもはほとんどいない。

　乳幼児期の気難しさ（difficult temperament）や、生物学的な親の行為障害あるいは注意欠陥多動性障害（ADHD）がリスク要因としてあげられている。また環境の影響も大きく、保護者による虐待やネグレクト、一貫性のない育児や体罰を是認する子育て様式、暴力の目撃や暴力的な環境、施設での養育、親の犯罪歴や薬物乱用などがあげられている。鑑別すべき疾患としては適応障害、ADHD、物質乱用性障害、反抗挑戦性障害、双極性障害・うつ病性障害があげられるが、精神疾患ではない小児期・思春期の反社会的行動とも区別する必要がある。

　行為障害を有する子どもは、両親の気持ちや他人の権利、法律といった規範をまったく尊重しないために法的な概念である非行につながりやすいが、非行と行為障害は同一の概念ではない。実際に非行事実により少年鑑別所に入所した少年のうち、行為障害と診断される例は全体の半数程度である。環境要因については診断に加味されていないため、たとえば劣悪な生育環境などによる二次的な問題として症状が出現している場合には治療方針を与える診断名ではない。環境要因によって行為障害に見られる行動が引き起こされている場合は行為障害の診断は慎重になるべきであり、適応障害とするほうが妥当である。

2. エフォート（取り組み／実践）

　自閉症スペクトラム障害（ASD）の併存症としての行為障害は1～3%とされている。ASDを有する少年の非行が一般の非行よりも多いという根拠はない。治療的な介入を行う場合、併存症としての行為障害ではなくASDの認知特徴によって発生している不適応行動を臨床的介入の対象とするべきである。また、ASDを有する少年の非行については、

表1　行為障害の行動様式

1. しばしば他人をいじめ脅迫し威嚇する
2. しばしば取っ組み合いの喧嘩をはじめる
3. 他人に身体的な危害を与えるような武器を使用したことがある
4. 人に対して残酷な身体的暴力を加えたことがある
5. 動物に対して残酷な身体的暴力を加えたことがある
6. 被害者の面前での盗みをしたことがある
7. 性行為を強いたことがある
8. 損害を加えるために故意に放火したことがある
9. 故意に他人の所有物を破壊したことがある
10. 他人の住居、建造物、車に侵入したことがある
11. しばしば嘘をつく
12. 価値のある物品を盗んだことがある
13. 親の禁止をきかずしばしば夜外出する
14. 一晩中家を空けたことが少なくとも2回、もしくは長期の家出が1回あった
15. 無断で学校を欠席する

DSM-5 より筆者抄訳

虐待やネグレクト、家族の問題などの小児期の逆境的経験との関連も指摘されており、行為障害を併存する例の状態像を正確に理解し治療的にかかわるうえの視点として重要であると考えられる。

ADHDと行為障害との関連については、ADHD→反抗挑戦性障害→行為障害といういわゆる「崩壊性行動障害マーチ」という概念で議論されることが多い。この概念については統計学的にその有意性が証明されてはいるものの、それぞれのパス係数は0.3~0.4程度と相対的に小さいためその影響を過大視すべきではない。知的障害、学習障害と行為障害の関連については十分に検討されてはいない。平均以下の知的発達水準と言語性IQの低さがリスクと考えられているが今後さらに検討が必要である。

3. アジェンダ（問題点と今後の課題）

発達障害は行為障害のリスクおよび併存症としての議論がなされてきてはいるが、単純な因果の関係で議論することはできない。また、非行臨床という大きな枠組みのなかで介入の対象として発達障害が医療的支援の文脈で議論されることはあるが、行為障害が医療あるいは教育の対象として取り扱われる例は少ないし統計的な情報も少ない。単なる症状リストではない疾患としての行為障害概念やその診断カテゴリーとしての妥当性、あるいは意義について今後整理していく必要があろう。

（塩川 宏郷）

文献

American Psychiatric Association (2013): Diagnostic and Statistical Manual of Mental Disorders: DSM-5. 高橋三郎・大野裕 (監訳) (2014): DSM-5 精神疾患の診断・統計マニュアル. 医学書院.

近藤日出夫 (2006): 行為障害と発達障害. 犯罪と非行, 148, 137-171.

診断・医療

21. 発達障害と不安障害

1. トピック（解説）

　発達障害には、二次障害として不安障害をはじめとする精神障害が合併することが少なくない。これは、ストレス下において心理的防衛と社会的行動（相談する、支援を受ける、回避する）が有効に機能せず、均衡を失いやすいことに起因する。

　発達障害児は、特有の物事の解釈や感覚異常などの特性のため、初めての事柄への強い不安や特定の事物への過度な恐怖が見られたり、認知機能の偏りや不注意・衝動性などの特性のために失敗体験、被叱責体験を反復してストレス状況下にあることが多い。また、人との違いを感じながら、不安感や孤立感を抱いて成長する。加えて、状況を俯瞰的に捉えたり、感情の言語化が困難という発達上の課題、努力不足と誤解される経験などから、適切な援助につながりにくい。以上の特徴が複合的に影響し合い、発症の要因となる。

　DSM-5において、不安障害群の下位項目は、分離不安障害、選択的緘黙、限局性恐怖症、社交不安障害、パニック障害、広場恐怖症、全般性不安障害などで構成されている。それまで不安障害に分類されていた強迫性障害、外傷後ストレス障害は、新設のカテゴリーに移行されたが、不安を背景に臨床上遭遇する行動・精神面の問題は、いずれも発達障害に併発しやすい。摂食障害の10〜20％にも発達障害が併存すると報告されている。

　子どもの不安障害は発達的文脈で捉える必要があり、幼児期は分離不安障害、学齢期では全般性不安障害や強迫性障害、思春期以降で社会不安障害、パニック障害、全年齢で限局性恐怖症といった症状が多い。不安による症状は、引きこもり尺度（1人を好むなど回避傾向）、身体的訴え尺度（腹痛など自律神経症状）、不安抑うつ尺度（批判に傷つくなど否定的認知・過敏）の3つに集約されるとされ、学校や家庭で子どもにこれらの症状を見れば、不安障害ならびにその背後の発達障害を疑い、医療につなぐ必要がある。たとえば、不登校や引きこもりの30〜40％は発達障害との調査もあり、気分障害、不安障害、行為障害、などの種々の病態が重複している可能性がある。

2. エフォート（取り組み／実践）

　診断に至れば、家族の承諾のもと学校や福祉、地域の社会資源と連携し、子ども−養育環境−教育環境のアセスメントと支援、介入が必要となる。子どもには、年齢や病状を加味して薬物療法（選択的セロトニン再取り込み阻害剤 SSRI、メチルフェニデート、アト

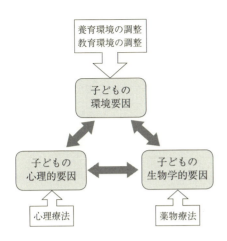

図1 二次障害のある発達障害への治療的介入

モキセチン）、心理療法（遊戯療法、認知行動療法）などを組み合わせて実施する。養育環境への介入としては、親のサポート機能を向上させるために、ペアレントトレーニング、カウンセリングや助言、家族療法、親の会紹介などを行う。ときに親の発達障害の診断や、不安障害の治療を要することがある。学校に対しては、教育委員会や特別支援学校が行う地域サポート事業などを活用し、教育方法の工夫（教示方法、教材教具、空間整備、スケジュール提示、個別・集団指導、教員補助）、教育環境への介入（教室、座席、掲示物）、対人技能の支援（ソーシャルスキルトレーニング、クールダウン）、処遇の検討（通常学級、通級指導教室、特別支援学級、特別支援学校）、組織対応（校内体制、他機関との連携）などアドバイスする。動機づけが乏しく外来治療に限界がある場合は入院治療を、家族機能が著しく低下している場合は児童養護施設などの福祉機関の活用も視野に入れる。

3. アジェンダ（問題点と今後の課題）

発達障害は常に過剰診断と過小診断の功罪を考えて対応にあたる必要があるが、不安障害をきたした状況は過小評価の結果であると捉え、速やかに対応すべきである。とくに、青年期以降は発達障害に気づかれず、学校や職場への不適応、パーソナリティの問題であると誤解されやすい。年長者に対しても、幼児期以降の丁寧な生育歴聴取が正しい診断につながる。また、本人の主体的な自己支援のために、自己受容の支援も重要である。

（小谷 裕実）

文献

傳田健三（2008）：うつ病、不安障害と広汎性発達障害の関係．臨床精神医学，37（12），1535-1541．

齊藤万比古（2002）：注意欠陥多動性障害と併存障害（特集 学習障害（LD）・注意欠陥多動障害（ADHD），Ⅱ．注意欠陥多動障害（ADHD））．小児科診療，65(6)，960-964．

齊藤万比古（編著）（2009）：発達障害が引き起こす二次障害へのケアとサポート．学研．

山下洋（2007）：14．子どもの不安障害（特集 児童思春期精神医学の最近の進歩，第2章 子どものこころの生涯）．臨床精神医学，36（5），629-635．

第2部

福祉サービス制度

福祉サービス制度

22. ICF 国際生活機能分類

1. トピック（解説）

ICF（International Classification of Functioning, Disability and Health：国際生活機能分類）とは、健康に関する生活機能と障害に関する分類モデルである。1980年、世界保健機関（WHO）は障害を機能障害（impairment）・能力障害（disability）・社会的不利（handicap）という3つの次元に区分し、階層的に理解するICIDH（International Classification of Impairments, Disabilities and Handicaps：国際障害分類）を発表した。しかしながら、障害発生が運命的に捉えられてしまう危険性や社会的不利の内容に乏しいこと、さらに当事者への考慮がなされていないなどの批判より、1990年から改訂作業が進められ、2001年5月22日第54回WHO総会でそれに替わるICFが採択され、新しい障害観・健康観を含むモデルが生まれた。その主な特徴としては「心身機能・身体構造（body functions and body structures）」「活動（activities）」「参加（participation）」の3次元から構成される生活機能（functioning）の状態がその人の障害や健康の水準を決定させるが、その背景因子（contextual factors）として「環境因子（environmental factors）」と「個人因子（personal factors）」があり、両者あるいは両者の相互作用からの影響にも注目した点である。つまり、これまでのように障害発生を医学的モデルや社会モデルに還元することなく複合的・包括的に捉え、当事者の主観的世界を尊重しながら障害分野における「共通言語」として捉えられたのである。とりわけ、ICFは「生きること・生活すること」を心身機能・身体構造、活動、参加という中立的な概念を用いて生物的レベル、個人の活動レベル、社会的レベルで分類・記載・評価していくのですべての人を対象とする。その結果、障害を否定的な用語として扱うことを退けた。ICFにおいてはまず機能障害・活動制限・参加制約をあげ、それらが生活機能のマイナスに集約されている状態

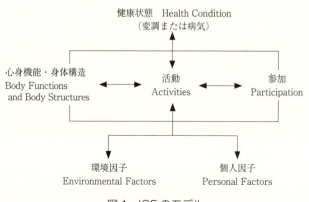

図1　ICFのモデル

を「障害」とし、その反対にプラスに包括される現象を functioning として定める。また、activities を単なる実行状況としてのみならず潜在的な能力をも含めた「できる活動」として捉えることによって「生活機能」を高める支援を膨らませる。最も画期的なのは年齢、性別、生活歴、価値観などを含めた個人因子を設けた点で、最終的に「生活を規定するのは個人である」ことから当事者主義を保障する。

2. エフォート（取り組み／実践）

分類コードとしては、生活機能を構成する3項目が大分類では「心身機能・構造」が「心身機能」（中項目98、小項目212）と「身体構造」（中項目40、小項目104）に分かれ各々8章に、反対に「活動」と「参加」が1つに統合され9章に（中項目100、小項目174）、環境因子が5章（中項目64、小項目103）にまとめられ、全体で1443項目（心身機能493、身体構造310、活動と参加389、環境251）が示された。各項目には「問題なし」0〜4％、「軽度」5〜24％、「中度」25〜49％、「重度」50〜95％、「完全な問題」96〜100％等の評価水準が設定され、環境因子の評価点には阻害因子とともに促進因子も加えられた。ただし、個人因子については重要とされながらも国際的に共通する項目として掲げることが困難とされた。しかしながら、ICF が従来の「基底還元論」から離れ、社会的諸関係や個人の精神世界のなかで「障害は変容される」としたことによって、環境因子に着目した支援が強まったのは事実である。生活アセスメントから生活支援へという流れは、本人の求める生活や社会参加に合わせての環境整備はもちろん、チーム介護や地域福祉の名のもとで着実に総合的支援の必要性を高めていくことにもつながった。

3. アジェンダ（問題点と今後の課題）

医療・福祉・介護・労働・教育等すべての実践において ICF モデルの普及と活用が今後の課題となろう。そのためには当事者の主観的世界をどのように理解していくかという臨床的課題、本人の要求をいかに実現可能な支援目標に翻訳していくかという援助技術の課題、課題原因の関係論的認識とその解決法に関する技能の習得、レジリエンスの獲得や人格発達に関する理解と支援等が求められる。とくに、教育界においては ICF-CY (Children & Youth Version) を参考にしながらインクルーシブ教育実現のためのツールとして活用されていくことが期待されよう。

(小林 勝年)

文献

障害者福祉研究会（編）(2002)：ICF 国際生活機能分類——国際障害分類改訂版. 中央法規.

福祉サービス制度

23. 障害者権利条約

1. トピック（解説）

　障害者権利条約（Convention on the Rights of Persons with Disabilities: CRPD）は、障害者の人権及び基本的自由の完全かつ平等な享有を確保し、障害者の固有の尊厳の尊重を促進することを目的とした条約である。障害者に関する新しい権利を創出するものではなく、他の者との平等を基礎に、既存の国際人権法が示す人権を障害者について実効性のあるものとするため締結国が行うべき措置を定めている。2001年の第56回国連総会でメキシコの提案により特別委員会の設置が決定され、そこでの議論を重ねて2006年12月13日に第61回国連総会において採択され、2008年5月3日に効力を発した。前文と50条からなり、このほか、個人通報制度と調査制度を定めた18条からなる選択議定書がある。

　この条約は障害の社会モデルに立脚しており、前文及び第1条で、障害は「機能障害のある人」と態度や環境による「障壁」との間の相互作用により生ずる、と示される。そして、障害者を明確に定義づけることは避けるとともに、慈善や治療、あるいは保護の客体としてではなく、自由とインフォームドコンセントに基づいて権利と意思決定を主張すべき主体として障害者を捉えている。

　この条約の焦点の1つは差別からの保護にある。無差別は既存の国際人権法における基本的原則であることをふまえ、この条約は締結国に対し、障害に基づくあらゆる差別を禁止するとともに、そのための必要な法的保護を保障するよう求める。また、合理的配慮、すなわち個別に必要かつ適当な変更や調整であって過度の負担を課さないものの否定は障害に基づく差別に含まれると明示した。これは他の人権条約には見られない新しい概念である。

　条約策定過程では「私たち抜きに私たちのことを決めないで（Nothing about us without us）」を合言葉に、非政府組織の立場、あるいは政府代表団の一員として障害当事者が数多く参加したことが特徴的であった。

2. エフォート（取り組み／実践）

　日本は2007年9月28日に条約に署名して以降、2009年12月に設置された障がい者制度改革推進本部及び障がい者制度改革推進会議において条約の締結に必要な国内法の整

表1 条約成立の経緯・締結に向けた国内の取り組み

```
2006年12月13日   国連総会で採択
2007年 9月28日   日本が署名
2008年 5月 3日   条約発効
        ↓
条約締結に先立ち国内法令を整備
2009年12月    障がい者制度改革推進本部設置
  2011年 8月 障害者基本法（改正）
  2012年 6月 障害者総合支援法（成立）
  2013年 6月 障害者差別解消法（成立）、
         障害者雇用促進法（改正）
        ↓
2013年末    衆参両院本会議で承認
2014年 1月20日   日本が批准
2014年 2月19日   日本について効力を発生
```

備を図った。障害者基本法の改正（2011年8月）、障害者総合支援法の成立（2012年6月）、障害者差別解消法の成立および障害者雇用促進法の改正（2013年6月）等を経て、国内法が条約の求める水準に達したとして、2013年末の第185回国会の衆参両院で審議・可決された。翌2014年1月20日には批准書を寄託し、同2月19日にわが国について発効した。なお、日本は選択議定書への署名を行っていない。

この条約には実施及び監視のための仕組みが規定されており実効性の面で重要である。国内における実施及び監視（第33条）については、障害者基本法に基づいて新たに設置された障害者政策委員会がその監視を担うこととされた。また、締結国による国際的な実施及び監視については、2008年以降毎年開催されている締結国会議（第40条）、及び障害者権利委員会（第34条）があたる。障害者権利委員会では締約国から提出された政府報告書の検討と勧告の作成、選択議定書に関する個人通報への対応の検討のほか、一般的な性格を有する勧告が行われている。

3. アジェンダ（問題点と今後の課題）

この条約に基づき行った措置等に関する報告を条約の発効後2年以内に行い、以後4年ごとにその後の報告を行うことが締結国に求められる。そのため、日本政府は2016年2月までに初回の報告をとりまとめ、障害者権利委員会による検討を受けることとなる。今後は、障害者総合支援法施行後3年を目途にした検討とその対応等も含め、批准に先立ち整備した各法の着実な実施が求められるとともに、障害者の支援に係る施策を段階的に発展させてゆくことが重要である。

（大村 美保）

文献

長瀬修・東俊裕・川島聡（編）（2008）：障害者の権利条約と日本——概要と展望．生活書院．
日本発達障害連盟（編）（2014）：発達障害白書〈2015年版〉．明石書店．
国連enableホームページ　http://www.un.org/disabilities/index.asp

福祉サービス制度

24. 障害者総合支援法

1. トピック（解説）

　障害者自立支援法（2005年成立、2006年施行）に代わる障害者総合支援法は、2012年に成立し、2013年度より施行された。障害者総合支援法による主な改正点は、障害者自立支援法の名称の変更、対象障害の拡大（難病を対象にした）、介護給付・訓練等給付に分かれていたケアホームとグループホームの一元化、重度訪問介護の利用対象の拡大、障害福祉計画のPDCAサイクルによる見直しとサービス基盤の整備などの点である。これに加えて、法施行後3年（2016年度）を目途に改正する検討事項として、常時介護を必要とする者の支援のあり方、障害程度区分（2014年度に障害支援区分に名称変更）を含めた支給決定方法のあり方、意思疎通に支障のある者の支援のあり方などの事項が示されている。

　基本理念では、障害者基本法にある「共生社会」実現の理念をふまえて、可能な限り身近な場所において必要な支援を受けられるとした。障害者基本法第1条に「相互に人格と個性を尊重し合いながら共生する社会を実現」とあり、ここで「共生社会」は障害のある人もない人もともに支え合う社会を意味し、インクルージョンの理念に近いものとして捉えることができる。ただし、「可能な限り」という表現に関しては批判も多く見られたが、少なくとも、身近な場所において必要な支援を受けるという（入所施設でない）地域生活に基盤の置いた理念を示したという点は、これまでの障害者自立支援法にない特徴である。

2. エフォート（取り組み／実践）

　この法の対象としての障害の範囲の見直しでは、制度の谷間のない支援を提供することから、難病を対象に含めることになった。これにより、障害者総合支援法の対象は、障害者自立支援法施行時（2006年）の身体障害、知的障害、精神障害に加えて、障害者自立支援法の改正施行時（2012年）の発達障害、高次脳機能障害、障害者総合支援法施行時（2013年）の難病の計6領域の障害になった。障害支援区分への変更では、（障害者自立支援法で用いられた）障害程度区分を障害支援区分に（2014年度から）変更し、「障害の程度」ではなく、「標準的な支援の度合を示す区分」に変更することを目的とした。

　2014年度より、グループホームとケアホームを統合してグループホームに一元化した。地域生活支援の要となるグループホームを、地域のなかで軽度者から重度者に至るまで対

応すべく幅広く整備することは、入所施設からの地域移行、家庭からの自立生活の推進にとってきわめて重要な施策である。また、障害者総合支援法では、それ以前と同様に、3年ごとに都道府県・市町村による障害福祉計画の策定を義務づけている。2014年度は、2015年度から2017年度までの3か年の第4期障害福祉計画の策定時期である。

表1　障害者総合支援法の特徴

1. 基本理念：共生社会の実現
2. 障害の範囲：難病を追加
3. 障害支援区分の創設
4. 2014年度の改定事項
　　①重度訪問介護の対象拡大
　　②ケアホームをグループホームに統合
　　③地域移行支援の対象拡大
　　④地域生活支援事業の追加
　　　（啓発活動、意思疎通支援の人材育成）
5. サービス基盤の計画的整備

3. アジェンダ（問題点と今後の課題）

　この対象拡大の過程は、障害者手帳制度のある3障害から障害者手帳制度の適用をしにくい領域への拡大である。とくに、発達障害、難病に関しては、機能障害に焦点をあてても、社会生活のなかで生じるさまざまな生活のしづらさは把握しにくいため、機能障害に焦点をあてた「医学モデル」ではなく、社会・環境との相互作用に焦点をあてた「社会モデル」を重視して支援の必要性を捉えないといけない。そのため、支援の必要の程度として障害者自立支援法で使用された障害程度区分の項目が機能障害に力点を置いており、知的障害に関しての支援の必要性の測定には妥当な項目ではないという批判がなされてきた。障害者総合支援法では、第1段階として障害程度区分の項目の見直しを行い、それに代わる障害支援区分を導入することとし、第2段階として施行後3年かけてさらに社会モデルに基づいた支給決定システムのあり方を含めて検討することとなった。

（小澤　温）

福祉サービス制度

25. 障害者基本法

1. トピック（解説）

　2009年に「障がい者制度改革推進会議」（以下、推進会議とする）が内閣府に設置された。推進会議では、障害者権利条約の批准と国内法の整備、障害者基本法の抜本的な改正、障害者差別禁止法、障害者自立支援法に代わる障害者総合福祉法の制定、などの案件の検討が2010年より行われた。その後、改正障害者基本法の骨子案として「推進会議」の第二次意見書が2010年末にまとめられた。このなかでは、障害の定義の見直し、障害者権利条約の「地域社会で生活する平等の権利」の確認、必要な支援を受けた自己決定に基づく社会参加の権利の確認、手話等の言語使用とコミュニケーション手段の利用の4点が障害者権利条約の批准との関係で重要であった。これらの経緯により、障害者基本法は2011年に、これまでの法の内容を大きく改正して成立した。改正法では、①目的規定の見直し、②障害者の定義の見直し、③地域社会における共生、④差別の禁止、⑤国際的協調、⑥国民の理解・国民の責務、⑦施策の基本方針、を総則の柱とした。基本施策関係では、①医療・介護、②教育、③療育、④職業相談、⑤雇用促進、⑥住宅の確保、⑦公共的施設のバリアフリー化、⑧情報の利用におけるバリアフリー化、⑨相談、⑩文化的諸条件の整備、⑪防災及び防犯、⑫消費者としての障害者の保護、⑬選挙における配慮、⑭司法手続における配慮、⑮国際協力、を柱とした。

表1　総則関係の主な改定

1.	目的規定の見直し：共生社会の実現
2.	障害者の定義の見直し：社会的障壁による日常生活・社会生活への制限の追記
3.	地域社会における共生：参加・選択の機会の保障、意思疎通・情報の保障
4.	差別の禁止：合理的配慮の規定
5.	国際的協調：国際的協調のもとでの共生社会の実現
6.	国民の理解・国民の責務
7.	施策の基本方針：障害者の実情に応じた施策の実施

2. エフォート（取り組み／実践）

　ここでは、具体的な法の内容として、「障害者の定義」「法の目的」「合理的配慮」の概

念の3点についてふれる。

「障害者の定義」では、「身体障害、知的障害、精神障害（発達障害を含む。）その他の心身の機能の障害（以下「障害」と総称する。）がある者であって、障害及び社会的障壁により継続的に日常生活又は社会生活に相当な制限を受ける状態にあるものをいう」（第2条第1項）としている。なお、「社会的障壁」とは「障害がある者にとって日常生活又は社会生活を営む上で障壁となるような社会における事物、制度、慣行、観念その他一切のものをいう」（第2条第2項）としている。「地域社会における共生等」では、「地域社会で生活する平等の権利」が重要であり、「全ての障害者は、可能な限り、どこで誰と生活するかについての選択の機会が確保され、地域社会において他の人々と共生することを妨げられないこと」（第3条第2項）としている。また、手話等の言語の使用及びコミュニケーション手段の利用では、「全ての障害者は、可能な限り、言語（手話を含む。）その他の意思疎通のための手段についての選択の機会が確保されるとともに、情報の取得又は利用のための手段についての選択の機会の拡大が図られること」（第3条第3項）としている。さらに、「合理的配慮」の概念に関しては、「社会的障壁の除去は、それを必要としている障害者が現に存し、かつ、その実施に伴う負担が過重でないときは、それを怠ることによって前項（差別と権利侵害の禁止規定のことを指す－筆者注）の規定に違反することとならないよう、その実施について必要かつ合理的な配慮がされなければならない」（第4条第2項）としている。

3. アジェンダ（問題点と今後の課題）

この改正法で新たに定められ内閣府に設置された「障害者政策委員会」の果たす役割（障害者基本計画の策定、変更にあたり政府に意見具申を行う）は法施行後の障害者の権利保障の推進の点で重要である。さらに、障害者基本法の規定の具体化として、2013年9月に、国の第三次障害者基本計画（2013～2017年度）が公表された。この計画では、基本理念は障害者基本法の理念をふまえ、共生社会の実現をめざすこととしている。基本原則は、地域社会における共生、差別の禁止など、分野横断的な視点では、障害者の自己決定・意思決定の支援、当事者本位の総合的な支援、障害特性に配慮した支援などの事項があげられている。これらの事項は、障害者権利条約の推進と密接にかかわりがあるものも多いので、この計画の進捗の点検により、障害者権利条約の遂行をモニタリングしていくことが重要である。

（小澤　温）

福祉サービス制度

26. 障害者差別禁止法

1. トピック（解説）

　障害者差別禁止法とは、人種差別に関する公民権法や人種差別禁止法、性差別に関する性差別禁止法などと並んで、障害に基づく差別を禁止する人権法制の総称である。障害に基づく差別禁止に関する法律・条項には、刑事法によるもの、憲法・人権法によるもの、民事法・単独法によるものなどがある。アメリカの「障害のあるアメリカ人法」、オーストラリアの「1992 年障害者差別禁止法」、イギリスの「1995 年障害者差別禁止法」など、1990 年代の単独法が先導的なものとなった。障害者差別禁止法の導入は、21 世紀に入って、ヨーロッパ各国などに広がり、国連の障害者権利条約の成立を促すものとなった。障害者権利条約は、締約国に、障害のある人に対する差別となる既存の法律、規則、慣習などを修正・廃止する法律の制定を含めた措置を義務とした。障害者権利条約や各国の障害者差別禁止法では、政治、経済、社会、文化、市民生活その他あらゆる分野で、「直接差別」「間接差別」「合理的配慮の否定」などの障害に基づく差別を禁止し、施設・設備、サービスを利用可能なものとすることを定めている。

　わが国では、障害者基本法（2011 年改正）における「差別の禁止」規定を具体化する法律として、2013 年、「障害者差別解消法」と「改正雇用促進法」が成立した（一部を除き 2016 年 4 月施行）。「障害者差別解消法」は、障害を理由とする「不当な差別的取扱い」の禁止を規定し、「社会的障壁の除去の実施について必要かつ合理的な配慮」を行政機関等に義務づけ、社会全体としてその努力を行っていくことを示した。今後の基本方針の確立とその実施など、合理的配慮の提供も含めた差別解消措置の具体化が注目される。また、「改正雇用促進法」は、雇用の分野における障害者に対する差別の禁止、障害者が職場で働くにあたっての支障を改善するための合理的配慮の提供義務などの措置を定めている。

2. エフォート（取り組み／実践）

　障害者権利条約は、「障害に基づく差別」を、「障害に基づくあらゆる区別、排除又は制限」で、「他の者との平等を基礎として全ての人権及び基本的自由を認識し、享有し、又は行使することを害し、又は妨げる目的又は効果を有するもの」として、「あらゆる形態の差別（合理的配慮の否定を含む。）」と定義している（第 2 条）。第 3 条（一般原則）には「無差別」等が掲げられ、第 4 条（一般的義務）では、締約国の義務として、「障害者

表1 障害者差別禁止法とその改正、条約等

代表的な障害者差別禁止法
　アメリカ「1990年障害のあるアメリカ人法」、オーストラリア「1992年障害者差別禁止法」、イギリス「1995年障害者差別禁止法」、スウェーデン「1999年障害者の労働生活における差別の禁止に関する法律」、オランダ「2003年障害または慢性疾患に基づく平等処遇に関する法律」、スペイン「2003年障害のある人の機会均等、非差別、普遍的アクセスに関する法律」、フランス「障害者の市民権と社会参加、機会と権利の平等に関する2005年2月11日法」、イタリア「障害者差別禁止法（2006年3月1日法律第61号）」、韓国「障害者差別禁止及び権利救済等に関する法律（2007年）」などがある。

差別禁止法の改正等
　アメリカでは2008年ADAの改正があり、オーストラリアでも2009年「障害差別とその他人権法に関する改正法」として修正がなされた。また、イギリスでは「2010年平等法」が成立し、その中に包括されることとなった。

条約・指令
　米州議会総会「障害のある人に対するあらゆる形態の差別の撤廃に関する米州条約（1999）」、EU「雇用および職業における均等待遇の一般的枠組みを設定する理事会指令（2000年）」、国連の「障害者権利条約（2006年）」。

に対する差別となる既存の法律、規則、慣習及び慣行を修正し、又は廃止するための全ての適当な措置（立法を含む。）をとること」等が規定されている。また、第5条には「平等及び無差別」が条項化されている。障害者権利条約の批准を契機として、障害者差別禁止法の制定や強化による社会的障壁の除去の取り組みと、障害のある人の生活と社会参加の支援施策の進展を促す努力がなされている。知的障害・発達障害のある人たちも含め、あらゆる障害のある人が差別されることなく自己決定に基づいて生活の主人公となっていくための多面的な取り組みが進められている。

3. アジェンダ（問題点と今後の課題）

　障害者差別禁止法は、障害のある人の置かれた状況をふまえ、その権利行使に際して社会的障壁を除去する申し立てを可能とし、障害に基づく差別を社会的に規制する方途として重要な機能をもっている。障害に基づく差別の禁止という角度から、権利擁護や申し立ての経験、判例が積み重ねられていくことによって障害のある人の人権自体が豊富化されるという意義をもっている。とくに、権利条約に規定された「合理的配慮」の具体を蓄積し、必要な措置や特別な措置を講ずること、社会政策の一環として公的な財政支援の仕組みなども引き出してゆくことが課題である。国の「障害者差別解消法」や現在までに制定されてきた自治体の「障害者差別禁止条例」、国や自治体による「障害者基本計画」「障害者差別解消法」に基づく「基本方針」「対応要領」などの実施によって、障害に基づく差別の払拭と障害のある人の社会参加の充実を図ることが求められる。

（玉村 公二彦）

文献

松井亮輔・川島聡（編）（2010）：概説 障害者権利条約．法律文化社．
障害者差別解消法解説編集委員会（2014）：概説 障害者差別解消法．法律文化社．

福祉サービス制度

27. 発達障害児の子育て支援

1. トピック（解説）

　2012年の児童福祉法の改正により、障害児の定義が見直され発達障害児も障害児支援の対象として位置づけられた。また、障害児及びその家族が身近な地域で必要な支援を受けられるようにするため、障害種別に分かれていた障害児施設が通所による支援と入所による支援に再編されるとともに、新たに保育所等訪問支援が創設されるなど、障害児支援についても地域の子育て支援という視点で取り組む方向性が示された。さらに、2014年1月の障害者権利条約の批准と、これに先立つ障害者基本法の改正（2011年）、障害者総合支援法の改正（2012年）、障害者差別解消法の成立（2013年）、学校教育法施行令の一部改正（2013年）などの関係法令の制定・改正により、障害児の地域社会へのインクルージョンをどのように進めるかが検討されてきている。

　一方、2012年に成立した子ども・子育て支援法第2条第2項に「子ども・子育て支援の内容及び水準は、全ての子どもが健やかに成長するように支援するものであって、良質かつ適切なものでなければならない」と規定されており、障害児支援もこれをふまえて、子育て支援等の関係機関と連携を図りライフステージに応じた切れ目のない支援体制を構築していくことが求められている。このことは、「今後の障害児支援の在り方について（報告書）」（障害児支援の在り方に関する検討会、2014）のなかでも、「子育て支援を念頭に置きつつ、継続的な見守りを行って、発達支援が必要な場合に特別な支援を行うことを基本とすべきである」として、子育て支援施策をバックアップする後方支援として障害児支援の専門的役割を位置づける基本理念が示されている。

　このように障害児の子育て支援は、最も身近な地域においてまずは受け止め、障害児及びその家族のニーズを基礎において支援のネットワークをつくっていくことを通し、当事者家族が地域のなかで安心して子育てができる、自分たちらしく暮らしていくことができる地域づくりをめざすものと捉えることができよう。

2. エフォート（取り組み／実践）

　新しい障害児支援制度では、通所支援・入所支援の利用者数合計は、2012年4月の約8万9000万人から2014年2月の約14万4000人へ、通所支援のみでは約8万6000人から約14万人へと増加しているが、新たに創設された保育所等訪問支援や障害児相談支援、

表1 今後の障害児支援の在り方について（報告書）

〈基本理念〉
1. 地域社会への参加・包容（インクルージョン）の推進と合理的配慮
2. 障害児の地域社会への参加・包容を子育て支援において推進するための後方支援としての専門的役割の発揮
3. 障害児本人の最善の利益の保障
4. 家族支援の重視

↓

〈地域における縦横連携の推進〉
・ライフステージに応じた切れ目のない支援（縦の連携）
・保健、医療、福祉、保育、教育、就労支援等とも連携した地域支援体制の確立（横の連携）

放課後等デイサービスについては体制整備など地域支援に向けて多くの課題が残されている。子育て支援制度では、これまでも保育所や放課後児童クラブで障害児を受け入れているが、2015年4月にスタートした子ども・子育て支援新制度においても、利用者支援事業など障害児の支援につながる新たな取り組みが制度に組み込まれることとなった。

ところで、ライフステージに応じた切れ目のない支援を行うためには家族の理解が必要となるため、障害児の子育て支援を進めるうえで家族支援の視点は欠かせない。「今後の障害児支援の在り方について（報告書）」のなかでも、保護者の「気づき」の段階からの支援として、子育て支援と障害児支援が密接に連携し保護者の気持ちに寄り添って継続的な支援を行う「縦横連携」の推進に重点が置かれている。また、保護者の「子どもの育ちを支える力」を引き出すためのペアレントトレーニングの推進や、精神面のケア、保護者の就労のための支援、障害児のきょうだい支援などの検討も進められている。さらに、障害児の家族が抱える悩みや不安は、同じ立場にある者同士が共感し寄り添うことにより軽減できる場合も多いことから、ペアレントメンターの活動が注目を集め全国的な広がりを見せている。

3. アジェンダ（問題点と今後の課題）

各地域において子育て支援、障害児支援のサービスが提供されてはいても、両者は場や人が分断されていることが多く、保護者の立場から見れば障害児支援への敷居はいまだ高いものと思われる。保護者の「気づき」の段階からの支援のためには、身近な地域におけるワンストップ対応をめざした子育て支援と障害児支援の連携によるプラットフォーム型の支援体制の構築と専門のコーディネーターの配置が求められよう。

（京林 由季子）

文献

障害児支援の在り方に関する検討会（2014）：今後の障害児支援の在り方について（報告書）──「発達支援」が必要な子どもの支援はどうあるべきか．厚生労働省．

福祉サービス制度

28. 発達障害者支援センター

1. トピック（解説）

　2004年に成立した発達障害者支援法において、発達障害者支援センター（以下、センターという）は、発達障害児者の地域支援体制の中核的・専門的機関として位置づけられている。センターの業務は、その第14条において、①発達障害の早期発見、早期の発達支援等に資するよう、発達障害者及びその家族に対し、専門的に、その相談に応じ、又は助言を行うこと、②発達障害者に対し、専門的な発達支援及び就労の支援を行うこと、③医療、保健、福祉、教育等に関する業務を行う関係機関及び民間団体ならびにこれに従事する者に対し発達障害についての情報提供及び研修を行うこと、④発達障害に関して、医療等の業務を行う関係機関及び民間団体との連絡調整を行うこと、と明記されている。センターは、都道府県・指定都市自ら、または都道府県知事が指定した社会福祉法人、特定非営利活動法人等が運営している。また、センターは、発達障害児者に対する効果的な支援が行われるよう、原則として、障害児入所施設、障害者支援施設等に附置することとなっている。これは、発達障害児者に対する相談支援等に関する知見の活用、夜間及び緊急時への対応ならびに一時保護等の施設機能の活用を図る観点に基づいている。センターには、管理責任者、相談支援を担当する職員、発達支援を担当する職員、就労支援を担当する職員を配置する。管理責任者は、運営上支障がない場合は、他の施設等の職務に従事することができるが、他の職員は常勤でなくてはならない。また、相談支援を担当する職員は、社会福祉士であって発達障害児者の相談支援について、相当の経験及び知識を有する者、又はそれと同等と都道府県等が認める者となっている。

2. エフォート（取り組み／実践）

　日本発達障害ネットワークは、平成24年度障害者総合福祉推進事業において、センターの業務に関する調査を行った（日本発達障害ネットワーク、2013）。調査では、各都道府県等のセンターに、現時点で量・時間として大きな割合を占めている業務について、事業内容別に上位3つ、業務形態別に上位2つ、対象年齢別に上位2つを選択するよう依頼した。その結果、事業内容では、発達障害児者・家族に対する相談支援が最も多く、次いで就労支援、普及啓発・研修となっていた。また、業務形態においては、相談者から直接受けた直接支援、対象年齢においては、19歳以上の成人が多いことが示された（図1）。

28. 発達障害者支援センター

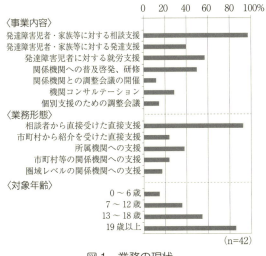

図1　業務の現状
日本発達障害ネットワーク（2013）に基づき作成

具体的な実践について、発達支援と就労支援の例を紹介する。ひょうご発達障害者支援センターにおいては、効果的かつ効率的な家庭療育への支援を行うために、「家庭療育支援講座」を実施している。親支援プログラムとして、子どもの行動理解、ほめ方・しかり方の捉え方など、講義とグループ学習を組み合わせ実践するとともに、地域で継続的に実施できるように、人材養成にも取り組んでいる。横浜市発達障害者支援センターでは、就労支援に関して、職業学習（ガイダンス、適職のイメージをもつ）、求職準備（求職活動や職場適応に必要なスキル獲得）、求職活動（求職活動を行い、就職する）、職場適応（仕事に慣れ、スキルアップする）の4ステップで捉えた実践を行っている。とくに、最初の「職業・ガイダンス」の段階と次の「スキル獲得に向けての支援」の段階が重要な要素であることを報告している。センターの事業内容は、人口規模、面積、交通アクセス、既存の地域資源の有無などによって、地域性があるのが現状である。

3. アジェンダ（問題点と今後の課題）

厚生労働省は、発達障害児（者）の支援ニーズの高まり等に対応するために、2013年7月1日に、「『発達障害者支援センターの運営事業の実施について』の取扱について」を一部改正した。これにより、従来から行っている相談支援、発達支援、就労支援に加えて、市町村や事業所、医療機関等の職員を対象とした研修会の実施、支援に関する相互の情報共有や引き継ぎを行うための連携体制の構築、対応困難な事例に対応できるセンター職員の資質の向上などの取り組みを重点的に行っていくことが示された。都道府県等の行政に加え、市町村行政と強く連携することが求められており、それぞれの地域の実情に合わせた支援体制の構築が望まれている。

（菅野 和恵）

文献

一般社団法人日本発達障害ネットワーク（2013）：平成24年度障害者総合福祉推進事業「発達障害者支援センター等の相談・支援、機関連携及び人材の育成等の業務に関する調査」報告書. http://jddnet.jp

福祉サービス制度

29. 児童発達支援センター

1. トピック（解説）

2012年の児童福祉法改正により、それまで各障害別に分かれていた障害児通園施設・事業は、身体、知的、精神（発達障害含む）の3障害対応を原則とした、児童福祉施設として位置づけられる児童発達支援センターとそれ以外の児童発達支援事業の2類型に整備された。

児童発達支援センターは、療育の観点から集団療育及び個別療育を行う必要があると認められる未就学の障害児を対象とし、日常生活における基本的な動作の指導、知識技能の付与、集団生活への適応訓練、その他必要な支援を行うことをサービス内容とする。とくに、肢体不自由があり、理学療法等の機能訓練または医学的管理下での支援が必要と認められた障害児を対象とし、治療をサービス内容に加えたものを、医療型児童発達支援センターとする。通所利用障害児やその家族に対する支援のほか、地域の障害児やその家族への相談、地域の障害児を預かる施設への援助・助言を行うなど、地域支援の中核施設としての役割が求められる。地域支援の具体的な取り組みとして、保育所等訪問支援、放課後等デイサービス、障害児相談支援（障害児支援利用計画の作成等）があげられる。保育所等訪問支援は、保育所等を利用している、又は利用する予定の障害児が、集団生活の適応のための専門的な支援を必要とされる場合に実施するものであり、障害児本人に対しては、集団生活適応のための訓練、スタッフに対しては支援方法の指導等が行われる。訪問支援員には、障害児施設で障害児に対する指導経験のある児童指導員・保育士（障害の特性に応じ専門的な支援が必要な場合は、専門職）が想定される。放課後等デイサービスは、幼稚園、大学を除く学校に就学している障害児を対象とし、授業終了後や休業日に生活能力の向上のために必要な訓練、社会との交流の促進等の便宜を供与するものである。障害児相談支援は、障害児通所支援の実施主体が市町村になることに伴って制度化され、相談支援員により障害児支援利用計画を作成することとされた。

2. エフォート（取り組み／実践）

通所利用障害児だけがプログラムに参加する単独通所、親子でプログラムに参加する親子通所などの形態があり、通所頻度も週5日の場合や幼稚園等に通いながら週1, 2日の場合などさまざまである。基本的には小人数のクラスに属し、障害特性や発達の状況に応

表1　児童発達支援センターの機能

1. 児童発達支援
   - 身近な地域における通所支援機能
   - 通所利用障害児やその家族に対する支援
   - 日常生活における基本的な動作の指導、知識技能の付与、集団生活への適応訓練などの支援（＋治療＝医療型児童発達支援）
2. 保育所等訪問支援
   - 集団生活への適応のための専門的な支援
3. 放課後等デイサービス
   - 生活能力向上のために必要な訓練、社会との交流促進などの支援
4. 相談支援
   - 障害児支援利用計画の作成

じ、日課を通して発達を支援する。心理、言語、理学療法、作業療法等の専門職による個別指導やクラスの枠を越えた集団指導も行われる。保育所等訪問支援では、障害児、スタッフに対する直接の訓練や指導の他に、集団保育における行動観察とそれをふまえたケース会議等への参加、助言が行われる。放課後等デイサービスでは、本人の希望をふまえたサービスを提供するための多様なメニューとして、①自立した日常生活を営むために必要な訓練、②創作的活動・作業活動、③地域交流の機会の提供、④余暇の提供、などがあげられる。

3. アジェンダ（問題点と今後の課題）

障害児の保育所等での受け入れが進められることにより、通所支援に加え、保育所等訪問支援等のアウトリーチ型支援が今後より重要となる。しかし、保育所等訪問支援に加え、放課後等デイサービス、障害児相談支援における障害児支援利用計画の作成等の体制は不十分であり、その整備が課題となる。これらの課題は、ライフステージに応じた切れ目のない支援（縦の連携）、保健、医療、福祉、教育、就労支援等の連携による地域支援体制の確立（横の連携）にかかわるものであり、児童発達支援センターは、その地域における縦横連携の中核施設としての役割がより強く求められる。

(鈴木　弘充)

文献

厚生労働省（2012）：児童福祉法の一部改正の概要について.
障害児支援の在り方に関する検討会（2014）：資料2 障害児及び障害児支援の現状（第1回 障害児支援の在り方に関する検討会資料）. 厚生労働省.
障害児支援の在り方に関する検討会（2014）：今後の障害児支援の在り方について（報告書）——「発達支援」が必要な子どもの支援はどうあるべきか. 厚生労働省.

福祉サービス制度

30. 発達障害と乳幼児健診

1. トピック（解説）

　乳幼児健診は地域のすべての子どもを対象として始められた。母子保健法第12条（表1）に1歳半健診及び3歳児健診について記載されており、その内容は母子保健法施行規則第2条に述べられている。1歳6か月健診では身体発育状況、栄養状態、脊柱・胸郭・皮膚・歯・口腔の疾病及び異常の有無、四肢運動障害の有無、精神発達の状況、言語障害の有無、予防接種の実施状況、育児上問題となる事項、その他の疾病及び異常の有無などの11項目が、3歳児健診では1歳6か月健診の項目に眼及び耳・鼻・咽頭の疾病及び異常の有無の項目が加えられ実施される。その他の健診については母子保健法の第13条（表1）に述べられており、自治体により行う時期は異なっているが、3～4か月健診、8～10か月健診、5歳児健診などが行われている。

　健診のスタッフは、子どもの年齢や個別健診か集団健診かによって異なるが、主に医師、歯科医師、保健師、心理士、栄養士、保育士などにより構成される。健診で問題や課題が見つかった場合、その程度や緊急度に応じて、要治療（問題があって治療が必要）、要精検（医療機関や療育機関での詳しい診察や検査が必要）、要フォロー（問題の特定のために一定の経過観察を要する）、助言指導（健診時の保健指導で問題解決が可能）などに分けられる。

　健診が始められた当初は、疾病の発見を主眼としたスクリーニング的意義が大きく、子どもの成長・発達に影響を与える病気や障害を早期に発見し適切な処置を講じることが主な目的であった。しかし時代の変化とともに、子どもが健全に育つための生育環境を整え

表1　母子保健法と発達障害者支援法における乳幼児健診

Ⅰ）母子保健法（昭和四十年法律第百四十一号） 　　第十二条　市町村は、次に掲げる者に対し、厚生労働省令の定めるところにより、健康診査を行なわなければならない。 　　　一　満一歳六か月を超え満二歳に達しない幼児 　　　二　満三歳を超え満四歳に達しない幼児 　　第十三条　前条の健康診査のほか、市町村は、必要に応じ、妊産婦又は乳児若しくは幼児に対して、健康診査を行い、又は健康診査を受けることを勧奨しなければならない。 Ⅱ）発達障害者支援法（平成十六年十二月十日法律第百六十七号） 　　第五条　市町村は、母子保健法（中略）第十二条及び十三条に規定する健康診査を行うに当たり、発達障害の早期発見に十分留意しなければならない。

ることが重要となり、母の産後うつ病や育児不安など出産や子育てに伴うストレスの軽減や、愛着形成支援など子育てそのものへのサポートが中心になってきた。したがって、健診の場は子どもの発達チェックや保護者への指導のみならず、保護者自身の気づきや保健師、心理士などの支援者との出会いの場にもなっている。また最近では、急増する子ども虐待の予防とその早期発見の場としての役割、及び発達障害者支援法（表1）が制定されてからは、自閉症スペクトラム障害や注意欠陥多動性障害など発達障害児の発見や対応の場としての意義も大きい。

2. エフォート（取り組み／実践）

発達障害の早期発見・早期対応のために、鳥取県や栃木県をはじめ多くの自治体で5歳児健診が行われるようになってきている。それは、発達障害児は対人面やコミュニケーションなどに課題をもつ場合が多く、保育園や幼稚園などの集団活動の場で初めてその特徴が顕在化し困難をきたすことが少なくないからである。一方、1歳半や3歳児健診の際に発達障害のスクリーニングに力を入れている自治体もある。京都市は乳幼児期自閉症チェックリストであるMチャットの項目を1歳半健診の問診に取り入れ早期発見につなげようとしている。しかし、幼児期の初めに示す特徴が以後の生活に支障をきたす可能性については不確定であるという意見もあり、発達障害児の早期発見を目的とした健診をいつ行うかは今後の課題であろう。

3. アジェンダ（問題点と今後の課題）

これまで遺伝的要因が強いとされていた発達障害であるが、最近は環境要因の影響についても多くの議論がなされている。たとえば、虐待などの不適切な養育がその後の脳形成や行動に与える影響も明らかになりつつある。また環境要因が遺伝子のon-offを変化させるエピジェネティックス（epigenetics）により発達障害が生じる可能性も検討されている。これらは、発達障害に対する考え方や対応も変えていくことも考えられ、今後の子育て支援や乳幼児健診のあり方にも影響を与えていくことも予想される。

（郷間 英世）

文献

平岩幹夫（2014）：乳幼児健診ハンドブック〈改訂第3版〉．診断と治療社
久保田健夫（2014）：発達障害とエピジェネティックス——環境と遺伝子をつなぐ新しいみかた．発達障害医学の進歩，26，61-67，診断と治療社．
京都市（2014）：乳幼児健診診査マニュアル〈新改訂版第6版〉．
友田明美（2014）：発達障害と虐待の脳科学．発達障害医学の進歩，26，53-60，診断と治療社．
鳥取県母子保健対策協議会（2014）：鳥取県乳幼児健診診査マニュアル〈平成26年版〉．

福祉サービス制度

31. 発達障害と個別支援計画／ケアマネージメント

1. トピック（解説）

2012年4月の障害者自立支援法の一部改正で、すべての障害福祉サービス利用者に対し、個別支援計画の前提として支給決定の前後にサービス等利用計画を作成することが義務づけられた。サービス等利用計画から個別支援計画への流れは図1に示すとおりであり、まず指定特定相談事業所の相談支援専門員が利用者の心身の状況、日常生活の状況、現在受けているサービス、支援上の課題などをアセスメントし、そこに利用者のサービス利用意向を加味しサービス等利用計画を作成する。サービス等と表記される理由はフォーマルなサービスだけでなく、インフォーマルなサービス、家族や友人による支援も受けながら進めていくことを想定しているからである。次に利用者が持参したサービス等利用計画を基本にして利用者のニーズを実現していくために、障害福祉サービス事業所において、「だれに、いつ、どこで、どのようなサービスを提供するのか」を具体的に示した個別支援計画がサービス管理責任者により作成される。これらの計画を作成するうえで、ケアマネージメントが重要になってくる。

ケアマネージメントは利用者や家族が納得できる地域生活を営むことができるように、利用者の置かれている状況やライフスタイルに合わせてさまざまな配慮を行い、地域における社会資源をうまく活用しながら利用者と家族の生活を支えていくための実践を指す。そのプロセスは「①主訴（受付）→②アセスメント→③ケアプランの作成→④援助の実施→⑤モニタリング→⑥再アセスメント→⑦終結」となっている。ケアマネージメントの利点は、(1) 利用者本人の意向を尊重した本人中心のサービスを計画実施できること、(2) 本人、家族、支援者等が情報共有を行い、支援を有効に機能させていくためのサービスの一元化と情報共有が可能になること等であり、図示したサービス等利用計画と個別支援計画の関係とプロセスにも反映されている。

2. エフォート（取り組み／実践）

ケアマネージメントはPCP（Person-Centered Planning＝本人主体の計画）の視点に立ち、望む暮らしの実現を図っていくものであるが、配慮すべき事項がある。

一点目は、ニーズアセスメントの際、適切な自己決定・自己選択ができるように情報提供をわかりやすく行うことである。利用者の情報理解に配慮し、図、写真、DVD等の視

31. 発達障害と個別支援計画／ケアマネージメント

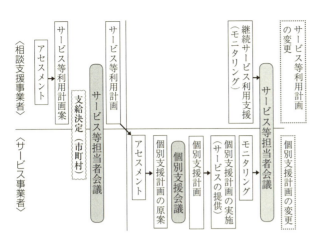

図1　指定特定相談支援事業者（計画作成担当）と障害福祉サービス事業者の関係

覚題材を用いる、あるいは実際に体験見学する等の工夫が必要である。適切な情報提供は、利用者が情報を比較検討する機会をつくることにつながり、自己決定の前提となるからである。二点目として、多岐にわたるニーズを満たすために複数のサービスを有効に組み合わせることがある。そのために相談支援専門員はサービス等利用計画を立案する際に複数のサービス事業者と協働することが大切であり、事業者も自分の事業所のみで利用者を囲い込む考えを捨てるべきである。多様なニーズを充足するためには、個々の目標に合った適切なサービス事業者を選定すべきで、同一の施設内で完結することは必ずしも望ましいとはいえない。利用者側の課題は以下で述べる。

3. アジェンダ（問題点と今後の課題）

計画作成に係る利用者側の課題として、適切な障害受容に基づくキャリア設計がなされているか否かがある。障害受容とは、自分の障害を理解し認識を深め、受け入れることで、具体的には、「できないこと、苦手なこと」を正確な知識のうえで直に受け止め、障害によって被る悪影響の軽減に工夫しながら、自分自身が可能な限り満足できる状態になることである。軽度の知的障害や発達障害の場合、本人や家族が障害を十分に理解していなかったり、親が本人への障害告知を先延ばしにしていることも多く、その結果、自己理解が不足し、利用者のニーズが現実に即して実現困難な目標となったり、必ずしも高いQOL（生活の質）には結びつかないリスクも出てくる。PCPの観点から本人のニーズの尊重は基本であるが、一方で適切な自己決定・自己選択ができるような支援も重要である。

（島田　博祐）

文献

島田博祐（2010）：障害受容・障害告知に関する発達障害児者及び親の意識について——保護者・発達障害を持つ当事者へのアンケート調査を通じて．明星大学大学院人文学研究科年報　明星大学大学院人文学研究科, 8, 89-100.

谷口明広・小川喜道・小田島明他（2015）：障害のある人の支援計画．中央法規．

福祉サービス制度

32. 発達障害と成年後見制度

1. トピック（解説）

　成年後見制度は、従来の判断能力が十分でない人の法定後見制度であった禁治産・準禁治産制度の見直しを図ったもので、2000年4月に施行された制度である。この成年後見制度では、自己決定の尊重、残存能力の活用、ノーマライゼーションの達成という理念のもと、財産管理だけでなく、本人の状況を把握し配慮する義務である身上配慮義務が位置づけられている。

　成年後見制度は「民法の一部を改正する法律」によって成立している法定後見制度及び「任意後見契約に関する法律」によって成立している任意後見制度という2つの制度の総称である。法的後見制度と任意後見制度では、対象者が異なり、前者は申し立ての段階で判断能力が不十分なものを対象としているのに対し、後者は現在、判断能力は十分な者を対象としている。これは、任意後見の場合、将来判断能力が不十分になったときの備えという目的があるためである。また、法定後見制度は3つの類型に分類される。具体的には、契約の取り消しの権限である「取消権」、被後見人等に代わって法律行為を行う「代理権」、何かを購入するといった契約行為への同意を行う「同意権」について、成年後見人等の職務・権限の範囲によって、後見、保佐、補助に分類される。たとえば、取消権は後見の場合、食べ物、下着等を買う、電車・バスに乗るといった「日常生活に関する行為」以外の行為全般に認められている。一方、保佐の場合、民法第13条第1項に定められた行為のすべて（借金、訴訟行為、相続の承認等）、補助の場合、民法第13条第1項に定められた行為の一部の行為について取消権は認められており、後見と比べ、限定されていることがわかる。

2. エフォート（取り組み／実践）

　成年後見制度の利用者数は増加傾向にあり、2013年12月末時点において、17万6564人となっている（内訳は後見81％、保佐13％、補助5％、任意後見1％）。しかしながら、この数値は知的障害者に限ったものではなく、その実数はわからないのが現状である。しかし、2013年の申立件数の本人の年齢を見ると、65歳以上の者の割合がほとんどであり、男性の場合は約67.4％、女性の場合は約86.9％を占めている。また、親が成年後見人等（保佐人、補助人含む）についた割合は2.9％（957件）と少なく、子が成年後見人等に

32. 発達障害と成年後見制度

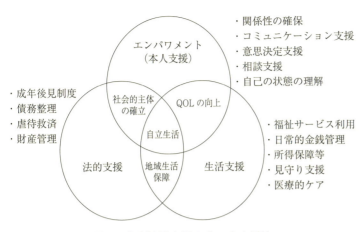

図1　権利擁護支援の3つの支援軸
特定非営利活動法人 PAS ネット（2012）

ついた割合は22.8%（7594件）と最も多いことからも、高齢者の利用が多い傾向がうかがえる。

この他に2013年の申し立て件数における成年後見人等と本人の関係について、親族の場合が42.2%、親族以外の第三者の場合が57.8%と「成年後見の社会化」が進んでいることが特徴といえる。このことから、成年後見制度という制度を利用し、第三者である支援者が権利擁護支援をしている現状がうかがえる。この権利擁護支援には3つの軸があり（図1）、成年後見制度はそのうちの1つの方法として位置づく。権利擁護支援は多様であり、1人の支援者によって行えるものではない。すなわち、それぞれの地域において、成年後見人等へのバックアップを含む、権利擁護支援システムの構築が求められる。

3. アジェンダ（問題点と今後の課題）

問題点として、まず後見等は本人の契約能力を制限していることがあげられる。すなわち、成年後見制度は自己決定ではなく、後見人等による代行決定を制度化したものであり、後見人等によっては権利侵害の可能性を秘めている。この他に、欠格条項の存在があげられる。被後見人の選挙権については認められることになったが、現在でも被後見人・被保佐人は公務員や社会福祉法人の理事になることができない。このように、本人の権利侵害にもなる成年後見制度だからこそ、1人の支援者によるものでなく、多面的な支援、すなわちそれぞれの地域における権利擁護支援システムの構築が必要である。その具現化が今後の課題といえよう。

（相馬 大祐）

文献

最高裁判所事務総局家庭局（2014）：成年後見関係事件の概況——平成25年1月～12月.
特定非営利活動法人 PAS ネット（2012）：福祉専門職のための権利擁護支援ハンドブック改訂版. ミネルヴァ書房.

福祉サービス制度

33. 障害者手帳と福祉手当

1. トピック（解説）

わが国の障害者手帳は障害種別ごとに規定されている。身体障害者に対する「身体障害者手帳」、知的障害者に対する「療育手帳」、精神障害者に対する「精神障害者保健福祉手帳」である。

身体障害者手帳は、1950年の「身体障害者福祉法」施行と同時に交付が始まった。当初は視覚、聴覚、音声・言語、肢体不自由、中枢神経機能に限定されていたが、その後、心臓及び呼吸器機能（1967）、腎臓機能（1972）、膀胱・直腸及び咀嚼機能（1984）、小腸機能（1986）、免疫機能（1998）、肝臓機能（2010）の障害にも範囲を拡大して今日に至る。療育手帳は、1973年の「療育手帳制度について」（厚生省発児第156号厚生事務次官通知）に基づき交付されている。精神障害者保健福祉手帳は1995年の精神保健法改正（現「精神保健及び精神障害者福祉に関する法律」）時に法定化されたものである。

障害児・者に対する福祉手当には、特別児童扶養手当、障害児福祉手当、特別障害者手当（以下「特別児童扶養手当等」という）がある。いずれも「特別児童扶養手当等の支給に関する法律」に基づくもので、特別児童扶養手当は政令で定める等級（1・2級）に該当する20歳未満の障害児の父母またはこれを養育する者に対し、障害児福祉手当は上記障害児のうち政令で定める重度障害児に対し、また特別障害者手当は20歳以上の政令で定める著しく重度の障害者に対し支給される。なお、施設入所の場合には支給対象外となるほか、本人及び扶養義務者の所得による支給制限も設けられている。広義の手当として年金をあわせ概観すると、特別児童扶養手当は20歳以降の障害基礎年金に比定することができる。ただし、特別児童扶養手当は父母（または養育者）への支給であるのに対し、障害基礎年金はあくまでも本人への支給であることへの留意が必要である（図1）。

2. エフォート（取り組み／実践）

障害者手帳は、等級表（身体・精神）または判定基準（知的）に基づき判定・交付される。身体障害者手帳は機能障害を重視しつつ一部日常生活上の困難さをもって判定され、療育手帳及び精神障害者保健福祉手帳は日常生活（一部社会生活を含む）における活動制限と機能障害の2軸により評価される。なお、障害児・者数の推計及び特別児童扶養福祉手当等の受給状況は表1のとおりである。障害児・者数は一貫して増加傾向にあり、また

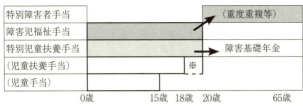

注　15歳・18歳は、当該年齢に到達して後の最初の3月31日まで支給
※　児童扶養手当は、子が障害児である場合、満20歳に到達するまで支給

図1　福祉手当と年金のイメージ

表1　障害児・者数の推計と手当の受給状況

	総数	在宅	施設
身体障害児・者	393.7	386.4	7.3
知的障害児・者	74.1	62.2	11.9
精神障害者	320.1	287.8	32.3

（万人）

- 身体・知的（在宅）：「生活のしづらさなどに関する調査」（平成23年）
- 身体・知的（施設）：「社会福祉施設等調査」（平成23年）
- 精神：「患者調査」（平成23年）

平成26年版障害者白書より抜粋

（2014年3月末現在：人）

		人数
受給者	障害児福祉手当	66,613
	特別障害者手当	121,337
	福祉手当（経過措置分）	5,330
	特別児童扶養手当	214,542
特別児童扶養手当対象障害児		225,014
内訳	身体障害	59,386
	精神障害（知的障害含む）	161,452
	重複障害	4,176

平成25年度福祉行政報告例より抜粋

高齢者の伸びが大きいことが特徴である。

特別児童扶養手当等は第一号法定受託事務であり、基本的に都道府県で取り扱いが異なることは認められない。支給対象となる障害の程度は政令で定められているが、身体障害については明確な基準があるのに対し、知的障害・精神障害・発達障害については「前各号（身体障害の基準）と同程度以上と認められる程度のもの」という規定にとどまる。知的障害については療育手帳の重度判定が手当の1級、中度以下の判定が2級に相当するものとして、また精神障害については常時の介助または保護が必要である場合を1級、日常生活がきわめて困難である場合を2級として紹介している自治体もあるなど、政令に規定する程度は概ね以上のように解釈されている。

3. アジェンダ（問題点と今後の課題）

ICF及び障害者権利条約にも見るように、障害は機能障害とさまざまな障壁との相互作用により捉えられなければならない。一方で障害者手帳は本人の機能や日常生活上の能力等を中心とした考え方を強く残すものであり、社会的障壁の存在・作用による生活のしづらさを表わすものではない。

発達障害者や知的障害者の福祉サービス利用等においては手帳所持を要件とするものではないが、法制度のみならず社会の認識においても、手帳ベースの考え方からの拡がり、または転換が求められているといえよう。

（谷口　泰司）

文献

内閣府（編）（2014）：平成26年版障害者白書．政府刊行物センター．
総務省統計局　平成25年度福祉行政報告例　http://www.e-stat.go.jp/SG1/estat/List.do?lid=000001128576　第7表（2015年8月6日アクセス）

福祉サービス制度

34. 発達障害児のインクルーシブ保育

1. トピック（解説）

　就学前の保育、教育は、学校教育法に基づく学校である幼稚園（管轄は文部科学省）と児童福祉法に基づく社会福祉施設である保育所（管轄は厚生労働省）において行われてきている。なお、2007年からは認定こども園が設置されている（全国に1359園、2014年）。
　就学前の障害児への保育、教育は、統合保育、障害児保育として取り組まれてきた。統合保育とは障害のある子どもと障害のない子どもを一緒に保育することであり、制度上は障害児保育とされる。統合保育は、1970年代初めに保護者からの障害のない子どもと一緒に保育を受けさせたいという要望に対して園が障害児を受け入れたことから始まった。その後、1974年の厚生労働省の「障害児保育事業」、文部科学省の「私立幼稚園特殊教育費補助事業」により制度化された。これにより保育士を定められた人数より多く配置する加配などが可能になった。なお、市町村の保育に対する姿勢や財政状況により、国の基準を上回る加配を行うなどの地方自治体による差が生じている（天野、2010）。
　就学前の教育、保育においては、最初から主に障害児も一緒に保育する形態で実践が行われてきた点は就学後の教育とは異なる特色である。インクルーシブ保育とは「包容する保育」と訳すことができ、個々の保育ニーズに応じながら、同じ場で有意味な保育をすることといえる。保育の場ではこれまでも障害児を含み込んだ集団のなかで1人ひとりを大切にした保育が行われてきており、その点では、最初からインクルーシブがめざされてきたといえる。今後はさらに多様な子どもを含み込んだ集団のなかで、1人ひとりが尊重され、1人ひとりにあった十分な配慮がなされつつ、仲間とともに育ちあう保育が求められ、さらなる実践の積み重ねによる保育方法の共有が望まれる。

2. エフォート（取り組み／実践）

　幼稚園、保育所等では、子どもの主体的な活動である遊びを通しての指導を中心として、そのなかでねらいが総合的に達成されるよう、環境による教育を行っている。幼稚園教育要領（2008年改訂）、保育所保育指針（2009年改訂）に基づき教育、保育が行われているが（2014年には幼保連携型認定こども園教育・保育要領が告示）、ここでは障害のある子どもの保育について「集団生活のなかで生活することを通して、全体的な発達を促すこと」「個々の子どもの状態に応じて指導を工夫すること」「指導のための計画や支援計画を

34. 発達障害児のインクルーシブ保育

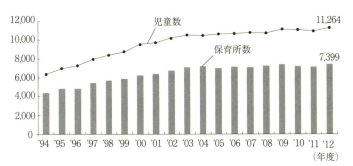

図1　障害児保育の実施状況推移
平成26年版障害者白書より

作成すること」が謳われている。就学前教育は遊びを通しての指導が中心であるため、インクルーシブ保育になじみやすく、また就学前の時期に多様な子どもたちが障害の有無にかかわらずともに楽しく園生活を送る経験は、相互理解を促しまさに共生社会への一歩といえよう。

　保育所数は全国に2万3711か所あり、217万6802人が利用している。そのうち、障害児保育は7399か所で行われており、1万1264人の障害児が在籍している（内閣府、2014）。しかしこの児童数は特別児童扶養手当支給対象児童数であるため、アスペルガー障害などの発達障害者支援法で定める発達障害を含めると、さらに多くの障害児が多くの保育所で保育されていると推測される。園での障害児保育を支援するために、保育者への研修や、外部の障害児の専門家等による巡回相談が行われている。また園も外部の障害児の専門機関との連携が求められている。さらに、小学校との滑らかな接続をめざし、幼稚園幼児指導要録、保育所児童保育要録に加え、市町村によっては就学支援シート等を作成し小学校と支援をつないでいこうとしているところもある。また保護者支援も求められており、インクルーシブ保育の充実のための努力が求められる。

3. アジェンダ（問題点と今後の課題）

　2007年から特別支援教育となり、「特別支援教育の体制整備」という視点から幼稚園等においても園内委員会、コーディネーターの指名、個別の指導計画の作成等々が求められているが、これまで「統合保育」としての実践の蓄積がなされてきたことをふまえたうえで、地域特性、乳幼児の発達課題と教育ニーズを加味した体制整備が求められる。また2015年から開始される子ども・子育て支援新制度の中で障害児の保育がどのように行われていくかについては、動向を見守る必要がある。

（細川 かおり）

文献

天野球路（2010）：いま知りたい特別支援教育．全日本特別支援教育研究連盟（編）特別支援教育研究, 632, 34-35.
内閣府（2014）：平成26年版障害者白書．

● *福祉サービス制度*

35. 学童保育における発達障害児支援

1. トピック（解説）

　学童保育は、小学生の子どもをもつ共働き家庭や1人親家庭の保護者が、子育てしながら働く権利を保障する制度であり、子どもの放課後や夏休みなどの学校休業日における生活の場を保障する制度である。その名称は学童クラブ、児童クラブ、児童ホームなど地域によってさまざまであるが、国（厚生労働省）は児童福祉法における「放課後児童健全育成事業」に位置づけて「放課後児童クラブ」と呼んでいる。「放課後児童健全育成事業」とは「小学校に就学している児童であって、その保護者が労働等により昼間家庭にいない者に、授業の終了後に児童厚生施設等の施設を利用して適切な遊び及び生活の場を与えて、その健全な育成を図る事業」と定められている。学童保育の対象児童は、以前は「小学校に就学するおおむね10歳未満の児童」とされていたが、2012年8月の児童福祉法改正で「小学校に就学している児童」（6年生まで）とされた。2012年8月に成立した「子ども・子育て支援法」では、学童保育は市町村が行う「地域子ども・子育て支援事業」（市町村事業）として位置づけられた。2015年5月現在、2万5541か所、入所児童数は101万7429人、この5年間で施設は5797か所増（約1.3倍）、入所児童は約21万人増（約1.3倍）となっている（全国学童保育連絡協議会調査）。障害のある子どもにとっても学童保育が大切な生活の場であることは言うまでもない。全国学童保育連絡協議会の2003年と2012年の調査データを比較すると、障害児を受け入れている学童保育数は2.5倍、入所している子どもの数は約3倍に増加している。発達障害児については、2005年4月施行の発達障害者支援法第9条に「市町村は、放課後児童健全育成事業について、発達障害児の利用の機会の確保を図るため、適切な配慮をするものとする」とあり、学童保育への入所の促進や配慮が示されている。

2. エフォート（取り組み／実践）

　学童保育の活動を学校と対比してみると、活動の自由度が高く内容や時間などを子ども自身が決める場面が多い。また学校は同年齢集団（学級）の活動が中心であるのに対し、学童保育は異年齢集団が基本である。学校とは異なるこうした活動や集団が子どもの成長・発達をさらに豊かにする一方で、学校との差異に戸惑う発達障害児も少なくない。自由に遊べるメリットは逆に何をいつまで続けたらよいのかという不安につながり、異年齢

35. 学童保育における発達障害児支援

図1 学校と学童保育の活動の特徴及び学童保育における配慮事項

関係の活動があるメリットは新たな人間関係づくりのしんどさにつながることもある。加えて、多くの学童保育の施設・設備の整備は十分ではなく、活動環境に存在する刺激につらさを示す児も少なくない。

こうした学童保育の特徴を頭に入れつつ、いくつかの配慮を考えてみたい。第一に、得意で大好きな活動があり、それを自ら選んで行える環境づくりである。そうした安心の活動の先に、初めてだけれど試してみたい活動の拡がりがあるのだろう。第二に、他者の支援で活動の見通しをつけつつ、子どもが満足いくまで遊びきる環境づくりである。第三に、集中して遊べたり疲れたときほっとできる刺激の少ないエリアの準備である。施設・設備の貧弱さは多くの学童保育の課題であるが、こうしたエリアの存在が発達障害児の安心につながることを理解したい。最後に、心許せる指導員を拠点とする集団参加である。基地となる指導員との信頼関係を支えにして子どもは新たな仲間づくりを進めていくのだろう。

3. アジェンダ（問題点と今後の課題）

学童保育を利用する発達障害児の数は今後さらに増加するだろう。彼らの安心した生活を保障するためには、施設・設備の整備、指導員の加配、指導員研修プログラムの充実、専門家による巡回相談や療育相談の拡充などが必要である。さらには小学校との連携も不可欠だろう。「個別の教育支援計画」などを活用して、学校と学童保育それぞれの学習・生活の様子や支援方法などの共有を積極的に図りたい。

(奥住 秀之)

文献

奥住秀之（2007）：発達障害児の理解と支援．日本の学童ほいく，388，7-13．
奥住秀之（2013）：発達障害児支援のますますの充実をめざして．日本の学童ほいく，450，32-33．
全国学童保育連絡協議会（2014）：学童保育情報——2014-2015．
全国学童保育連絡協議会（2015）：解説と資料 新制度で大きく変わる学童保育．

福祉サービス制度

36. 発達障害者とグループホーム

1. トピック（解説）

　2010年の障害者自立支援法の改正により発達障害が同法の対象となったことで、発達障害者がグループホームを利用することが可能となった。グループホームとは、地域における障害者のための小規模住居のことである。グループホームは1989年に精神薄弱者地域生活援助事業として知的障害者を対象として制度化された。当初は就労要件が定められており、一般就労をしている知的障害者が対象とされていた。しかし、その後就労要件は撤廃され、加算による重度者対策もなされるようになった。2005年に障害者自立支援法が成立すると、グループホームは介護を必要としない人を対象とするグループホームと介護を必要とする人を対象とするケアホームとに分けられることとなった。そして、サービス利用の際の基準として導入された障害程度区分に基づいてその居住形態や支援体制が分けられることとなった。また、それまでグループホームは住居単位で指定を受けていたが、指定範囲が設けられることとなり、複数の住居にまたがる指定を受けることが可能となった。さらに、グループホーム・ケアホームの家賃補助や体験利用も制度化された。2012年に障害者総合支援法が成立すると、グループホームとケアホームはグループホームに一元化されることとなった。その際、基本的な支援はすべての入居者に共通して提供され、介護が必要な場合にはグループホームごとにその体制を整備するのか、外部に委託するのかが選択されることとなった。また、グループホームからの単身生活への移行に向けて、1人暮らしに近い居住形態を提供するサテライト型のグループホームが制度化された。

2. エフォート（取り組み／実践）

　グループホームには世話人と呼ばれる支援者が配置されており、食事や掃除等の家事支援、日常生活上の相談支援、等の直接的な支援が提供されている。また、グループホームにおける介護サービスに関しては、ホームヘルプサービスを利用することが可能とされた。その後、障害者自立支援法の成立により、グループホームはグループホームとケアホームに分割され、それぞれに引き続き世話人が配置されることとなったが、ケアホームには入居者の障害の程度に応じて介護サービスを提供する役割を担う生活支援員が配置されることとなった。また、介護サービスに関しては経過措置として生活支援に加えて特例的にホームヘルパーに外部委託することが認められることとなった。さらに、間接的な支援を

36. 発達障害者とグループホーム

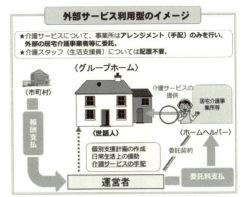

図1　グループホームにおける介護体制

厚労省資料より

担う者としてサービス管理責任者が位置づけられ、個別支援計画の作成、サービス内容の評価、日中活動事業者との連絡調整、等が図られることとなった。そして、障害者総合支援法の成立により、グループホームとケアホームはグループホームに一元化され、入居者の生活支援については引き続き世話人が担うこととなったが、介護サービスについては生活支援員を各グループホームに配置したり、経過措置として重度者にホームヘルプサービスの利用を認めたりするか、介護サービスについては外部の居宅介護事業所に委託してホームヘルプサービスを利用するようにするかを、グループホームの運営者が選択することとなった。

3. アジェンダ（問題点と今後の課題）

制度化当初、グループホームへの入居に就労要件が課されるなど、その利用者像として身辺自立した知的障害者が想定されていた。しかし現在では、そのような要件は問われなくなっている。そのような状況のなかで考えるべき事柄としてあげられるのが、重度・高齢の入居者対策だと考えられる。グループホームが障害者の地域における居住の場として重要な位置を占める今日、このことに対応し、希望するすべての障害者を受け入れられる態勢づくりが今後必要になると考えられる。

（森地 徹）

文献

厚生労働省（2013）：ケアホームとグループホームの一元化について．
日本知的障害者福祉協会地域支援部会グループホーム・ケアホーム等分科会（2008）：知的障害者のグループホーム・ケアホーム運営ハンドブック――平成18・19年度グループホーム・ケアホーム等分科会報告書．日本知的障害者福祉協会．

● 福祉サービス制度

37. 発達障害者と
ホームヘルプ／ガイドヘルプ

1. トピック（解説）

　ホームヘルプは、居宅において、入浴・排せつ・食事等の介護、調理・洗濯・掃除等の家事の援助などを行うものである。これにあたるものとして、障害者総合支援法に基づく事業としては、「居宅介護」等がある。また、ガイドヘルプは、ヘルパーが付き添って障害児者の外出を支援するものである。障害者総合支援法においては、「移動支援事業」が地域生活支援事業の1つとして位置づけられている。また、重度の知的障害者や精神障害者を対象とするものとして「行動援護」があるほか、視覚障害者の外出を援助するものとして「同行援護」がある。

　障害者のためのホームヘルプとしては、1967年に、身体障害者福祉法改正によって身体障害者家庭奉仕員制度が創設されている。また、1970年には、重度の心身障害児者および知的障害者を対象として、心身障害児家庭奉仕員派遣事業が発足している。1990年には、居宅介護事業が法的に規定されることとなって、「家庭奉仕員」の名称が「ホームヘルパー」に変わり、「ホームヘルプ」の呼称も制度上で正式に用いられることになった。ガイドヘルプについては、1974年に盲人ガイドヘルパー派遣事業、1981年に脳性まひ者等ガイドヘルパー派遣事業が発足しており、それに遅れる形で知的障害児者を対象とするガイドヘルプも少しずつ実施されるようになっていった。そして、2003年の支援費制度の開始に伴い、身体障害者・知的障害者・障害児がガイドヘルプ（移動介護）の対象となり、知的障害児者によるガイドヘルプの活用が急増した。2006年の障害者自立支援法施行によって、移動介護の大部分が移動支援事業に引き継がれることとなった。

2. エフォート（取り組み／実践）

　ホームヘルプは、障害児者のできないことを単に補助したり代行したりするだけのものではない。本人が生活のための力を広げるのを支えたり、話し相手や相談相手となったりすることが求められる側面もあり、障害児者とヘルパーとのコミュニケーションが重要になるといえる。ガイドヘルプも、ただ目的地までの移動を援助するというだけのものではなく、実際には幅広い役割が期待されているものである。ガイドヘルプは、電車に乗って外出を楽しんだり、買い物に出かけたり、店で食事をしたり、公園を散歩したり、プールに行ったりと、余暇を過ごすための支援として活用されていることが多い。1人の障害児

表1　障害者総合支援法における規定

居宅介護	障害者等につき、居宅において入浴、排せつ又は食事の介護その他の厚生労働省令で定める便宜を供与すること
重度訪問介護	重度の肢体不自由者その他の障害者であって常時介護を要するものとして厚生労働省令で定めるものにつき、居宅における入浴、排せつ又は食事の介護その他の厚生労働省令で定める便宜及び外出時における移動中の介護を総合的に供与すること
同行援護	視覚障害により、移動に著しい困難を有する障害者等につき、外出時において、当該障害者等に同行し、移動に必要な情報を提供するとともに、移動の援護その他の厚生労働省令で定める便宜を供与すること
行動援護	知的障害又は精神障害により行動上著しい困難を有する障害者等であって常時介護を要するものにつき、当該障害者等が行動する際に生じ得る危険を回避するために必要な援護、外出時における移動中の介護その他の厚生労働省令で定める便宜を供与すること
移動支援事業	障害者等が円滑に外出することができるよう、障害者等の移動を支援する事業

者に1人のヘルパーがつく個別支援だけでなく、複数の障害児者を対象とするグループ支援も行われており、ボウリングやハイキングなどの活動がなされることもある。また、通学・通所等のためのガイドヘルプが必要とされることもあり、そのための制度を設けている自治体もある。なお、ホームヘルプ／ガイドヘルプは、障害児者の家族の負担を軽減することなどにより、家族の生活を支える役割も担っている。

3. アジェンダ（問題点と今後の課題）

①ホームヘルプ／ガイドヘルプの活用については、小さくない自治体間格差・地域間格差が存在している。居住地域にかかわらず必要な支援が保障されるようにすることが課題である。市町村の裁量によるところの大きい地域生活支援事業に移動支援事業が位置づけられていることも、問題点として指摘されている。②障害児者の余暇を支える多様な社会資源の整備を進めることが必要である。そのような社会資源が乏しいなかで、いわば代替としてガイドヘルプが活用される傾向が見られる。③ガイドヘルパーの交通費・入場料等を障害児者が負担することは、平等性という観点から見ても問題であり、改められなければならない。④障害児の通園・通学のためのガイドヘルプの整備が求められている。⑤従業者（ヘルパー）の労働条件の改善などにより、ホームヘルプ／ガイドヘルプの担い手を量的にも質的にも充実させていく必要がある。

（丸山 啓史）

文献

知的障害者ホームヘルプサービス研究会（編）(2004)：知的障害者ホームヘルプサービスの実際——ふつうの暮らしを実現するために．中央法規出版．

上原千寿子・松田泰（編）(2009) 新・事例で学ぶ 知的障害者ガイドヘルパー入門——行動援護・移動支援のために．中央法規出版．

福祉サービス制度

38. 発達障害者の余暇支援

1. トピック（解説）

「余暇」とは、個人が職場や家族、社会から課せられた義務から解放されたときに、休息のため、気晴らしのため、あるいは利得とは無関係な知識や能力の養成、自発的な社会参加、自由な想像力の発揮のために、まったく随意に行う活動の総体である（J. デュマズディエ、1973）。すなわち個人が帰属している集団における義務から解放された時に余暇が存在することになり、「レジャー（leisure）」や「自由時間（free time）」と同義に使われることが多い。

障害のある児童生徒の余暇の問題については、2002年の学校完全週5日制の導入を契機に取り上げられ、徐々に発達障害児の放課後保障、休日や長期休業中における余暇活動のニーズが高まってきた。

では、障害のある児童生徒の余暇の現状はどのようになっているのだろうか。知的障害児に焦点をあてると、これまでの調査研究（細谷、2007、2011）の結果から、休日や長期休暇を問わず、テレビやビデオ、ゲーム、パソコン等の使用が多くあげられており、居住形態が異なっていてもデジタル機器等使用を中心とした余暇生活を送る傾向が明らかになっている。さらには休日の活動を支える保護者負担の課題も指摘されている。ロバートL. シャーロック（2002）によると余暇活動はQOL（Quality of Life）の構成要素として中核指標の1つであると指摘されていることから、障害児（者）の余暇の充実は、彼らの生活の質を向上させるうえで必要な条件である。

以上のことから、余暇支援の最終目的は、休日の活動の場（第三の場）を確保する、活動を支援するだけではなく、彼らの生活の質（QOL）を向上させることであり、彼らの生活全般を支援する視点が必要になってくる。そのうえで余暇を生活の一部に位置づけていくことが余暇を支援することである。

2. エフォート（取り組み／実践）

筆者が所属する北海道教育大学函館校が行っている「夏期休暇支援プログラム」の取り組みについて紹介する。本プログラムは、1996年に本学の教員と学生が企画し、その後毎年8月上旬に行われている知的障害児を対象とした「サマースクール」である。本活動は、「楽しい夏休みを……」を目的とする、学校や家庭で経験することができない「第三

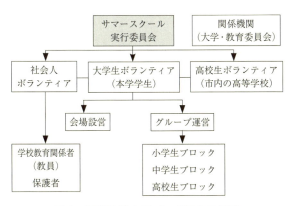

図1　夏期休暇支援プログラムの組織

の場」である。本活動に参加する児童生徒は約50名であり、本学学生は100名を超える。また、活動を支えるボランティア（高校生20名、社会人30名）を合わせると、総勢で約200名の人数で構成されている。4日間の主な活動としては、外出活動やプール活動、制作活動や紙コップランド、風船ハウスなどがあげることができる。本活動は学校でも家庭でも経験することができない活動の創造に取り組んでおり、障害のある子どもたちの生活における第三の場として機能するよう心がけている。「第三の場」とは、日常生活では経験することができない体験や新しい人との出会い、ふれ合い等を通じて、生活にアクセントをもたらすことのできる場としての役割をもっている。子どもたちの生活圏にこの「第三の場」が増えていくことで、余暇としての彼らの選択の幅が広がり、生活の質の向上につながることが期待される。

3. アジェンダ（問題点と今後の課題）

余暇の充実及び支援を考える際に、「余暇の場を用意する」「活動を提供する」「彼らと一緒に過ごす」等を目的とするのではなく、余暇活動を彼らの生活に位置づけていくことを目的とする取り組みが今後の課題である。余暇活動はQOLの中核指標の1つと捉えた場合、活動を提供している時間は充実しているが、その他の時間が充実していないのでは、本当の意味で余暇の充実／支援にはつながらない。彼らが余暇時間に選択できる第三の場を増やすとともに、活動の場を提供するなかで、自分でできる活動を提供していくことが今後の課題である。

（細谷　一博）

文献

細谷一博（2007）：知的障害児・者の居住形態からみた余暇活動の充実と余暇活動支援機関の機能――青少年の休日を楽しむ会の実践を通して．発達障害支援システム学研究，7(1)，1-7.

細谷一博（2011）：長期休業中における知的障害児の余暇実態と保護者ニーズに関する調査研究．発達障害支援システム学研究，10(1)，11-16.

J・デュマズディエ（著）中島巌（訳）（1973）：余暇文明に向かって〈4版〉．東京創元社．

ロバート・L・シャーロック（著）岩崎正子（監訳）（2002）：クオリティ・オブ・ライフ（QOL）その概念化，測定，適用．発達障害研究，24(2)，106-120.

福祉サービス制度

39. 発達障害と障害福祉サービス事業所

1. トピック（解説）

障害者のための福祉サービスは、「障害者の日常生活及び社会生活を総合的に支援するための法律（以下、障害者総合支援法）」に定められている。2006年に施行された障害者自立支援法によって、それまで障害別にサービスが規定されていた制度が一元化された。これにより、原則として障害の種別にかかわらず原則としてどのサービスも利用できるようになった。

障害福祉サービスは大きく分けて日中の活動の場を提供する日中活動事業と、生活の場を提供する居住支援事業とに分けられている。また、支給決定の方法によって介護給付と訓練等給付に分けられ、それ以外に地域生活支援事業、相談支援事業が用意されている。例外はあるものの、原則として介護給付では障害支援区分の認定が必要となり、訓練等給付では利用期間が定められているものがあることが特徴である。居住支援事業には「障害者支援施設」（施設入所支援：介護給付）及び「共同生活援助」（グループホーム：訓練等給付）があり、夜間及び休日において入浴、排せつ、食事の介護などを提供する。

介護給付の対象となる日中活動事業には、機能訓練や日常生活上の介護などを行う「療養介護」、入浴、排せつ、食事の介護や創作的活動・生産活動の機会を提供する「生活介護」がある。以上は事業所に通所することによってサービスが提供される。その他に、自宅で日常生活の介護を行う「居宅介護（ホームヘルプ）」、日常生活の介護及び外出時における移動支援などを総合的に提供する「重度訪問介護」、視覚障害者に移動の援護を行う「同行援護」、行動に著しい困難を有する障害者を対象とした「行動援護」、障害福祉サービスを包括的に提供する「重度障害者等包括支援」、障害者支援施設などに短期間入所することのできる「短期入所」がある。

訓練等給付の対象となる日中活動事業には、就労のための訓練などを提供する「就労移行支援」、雇用契約を結び、就労の機会を提供する「就労継続支援A型」、雇用契約を結ばず就労の機会を提供する「就労継続支援B型」、身体機能・生活能力の向上のために必要な訓練を提供する「自立訓練（機能訓練・生活訓練）」がある。

2. エフォート（取り組み／実践）

日中活動事業での作業種目、活動内容に関する実態は明らかにされていないが、就労継

続支援B型では、パンやお菓子など食品の製造・販売、農作業、といった自主製品の生産・販売といった作業、及び封入作業、製品の組み立て・パッケージングといった受注作業を取り入れ、就労の機会を提供している。生活介護では、生産活動の他に、創作活動などを取り入れている事業所もある。

これまで発達障害者の全般的な生活を支援する取り組みとして中心的に行われてきた生活（くらす）、作業（はたらく）だけではなく、新たに学習・余暇（学ぶ・楽しむ）、コミュニケーション（かかわる）といった幅広い支援（表1）を取り入れていている事業所もある。

表1　4つの支援領域

くらす（生活）	はたらく（作業／就労）
・自分の身体を洗うこと ・身体各部の手入れ ・排せつ ・更衣 ・食べること／飲むこと ・健康に注意すること ・必需品の入手 ・家事 ・家庭用品の管理及び他者への援助	・単一課題の遂行 ・複雑課題の遂行 ・日課の遂行 ・ストレスとその他の心理的要求への対処 ・仕事と雇用 ・経済生活
かかわる（コミュニケーション）	学ぶ／楽しむ（学習／余暇）
・コミュニケーションの理解 ・コミュニケーションの表出 ・会話ならびにコミュニケーション用具及び技法の使用 ・一般的な対人関係 ・特別な対人関係	・目的をもった感覚的経験 ・基礎的学習／知識の応用 ・姿勢の変換と保持／物の運搬・移動・操作 ・歩行と移動／交通機関や手段を利用しての移動 ・コミュニティライフ ・レクリエーションとレジャー ・宗教とスピリチュアリティ ・人権／政治活動と市民権 ・教育

3. アジェンダ（問題点と今後の課題）

事業所の種類はさまざまであり、それぞれの目的は障害者総合支援法に明記されている。しかしながら生活介護事業所と就労継続支援B型事業所で何ら変わらない運営が行われていることがある。また、事業所内での適応ができていればよいとするような支援に止まり、自立と社会参加をめざした支援からは程遠い支援が行われている事業所もある。

入所支援施設の長期滞留化の問題を、制度の問題ではなく、支援の問題であると指摘する意見がある。障害福祉サービスが何を目的とし、どこをめざして支援をすべきなのかを再検討しなくてはならない。事業所の量という問題だけではなく、支援の質について問うていくことが各事業所には求められている。

（伊藤　浩）

文献

橋本創一・菅野敦・林安紀子他（編著）（2008）：障害児者の理解と教育・支援——特別支援教育／障害者支援のガイド．金子書房．
高山和彦（2013）：施設入所支援とは何か，私たちに問われている課題．さぽーと，60(4)．

福祉サービス制度

40. 発達障害と
　　ペアレントトレーニング

1. トピック（解説）

　ペアレントトレーニング（PT）とは、発達障害のある子どもの行動変容（好ましい行動を増やし、好ましくない行動を減らす）のための技術を親が獲得するための行動療法に基づくプログラムである。通常は4～8人程度のグループで、専門性をもった（あるいは研修を受けた）インストラクターなどのスタッフが5～10回のセッションで行う。毎回決まったテーマを学び、練習し、自宅でも宿題としてわが子に取り組み、好ましい行動に目を向けてほめることで子どもの適応行動を増やしていく。わが国におけるPTとしては、知的障害児への親プログラムを発展させたプログラム、自閉症児に対しての応用行動分析による対応方法の習得やサポートブックづくりに焦点を置いたプログラム、ADHD児の心理社会的治療の1つとして行われるプログラムなどさまざまなPTが、医療機関だけでなく、療育機関、保健センター、発達障害関連NPO団体などにて実施され、発達障害者支援法（2005年）や特別支援教育（2007年）の影響もあって、とくに早期支援の有効な手立てとして、急速に広がってきている。また、ペアレント（親）でなく、ティーチャー（教師、保育士）が自分の担当する幼児児童生徒への取り組みに生かそうと「ティーチャートレーニング（TT）」も行われだしている。本稿では、ADHDの診断治療ガイドラインでも推奨されている筆者らが行うPTを中心に概説する。

2. エフォート（取り組み／実践）

　セッションは1回90分程度で、「ウォーミングアップ（子どもの「よいところ探し」）→前回宿題報告→セッションテーマの学習（必要時ロールプレイ）→次回宿題の説明」という流れで行う。参加者が主体的に考え、自宅で実践できることが重要であるが、グループで行うことで子どもの発達障害の受容や養育の自信の向上なども副次的効果として見られる。

　内容は、行動観察、すなわち「行動を流れで見る（行動の前の状況─行動─結果）」と「行動を3つに分ける」を基本としている。好ましい行動に注目してほめることで適応行動を増やしていく前半部分、指示の出し方（予告─CCQ: Calm, Close, Quietで指示─ほめて終了）、待ってからほめる（無視）などの行動療法のテクニックを習得する後半部分からなる。TTで報告された学校における行動の3つの分け方とその対応例を表1にあげ

表1　行動の3つのタイプ分けと例

好ましい行動 〈増やしたい行動〉	好ましくない行動 〈減らしたい行動〉	許しがたい行動 〈なくしたい行動〉
→ほめる 　すぐ、具体的に、気持ちも伝える	→待ってからほめる 　注目を外す、ほめると併用	→警告・タイムアウト 　きっぱりと、一貫して、行動のみを修正
授業中、手を挙げてあてられてから発言した	授業中、あてられていないのに、勝手にしゃべる	「静かにしなさい」と注意され、「うるさい」と机をけった
掃除の仕方を具体的に指示されて、掃き出した	掃除時間にほうきを持ったまま、うろうろしている	「なに遊んでるの！」と注意され、ほうきを投げつけた

☆ほめることが基本
一貫した対応を続けることで、子ども自身が好ましい行動に気づけるようになってくる

る。小さながんばりであっても、好ましい行動に普段から注目しておくことで、その行動が増え、定着していく。さらに減らしたい行動が見られたときにも、待ってみること（具体的に何をすべきかのヒントも有用）で好ましい行動に気づき、ほめるチャンスが生まれやすくなる。一貫した対応によって、子ども自身が好ましい行動に気づけるようになってくるが、発達障害のある子どもについては、できるだけ本人が実現可能な目標行動を設定して、スモールステップでほめていくことが重要である。なお、このような適応行動の増加はPTでは着実に見られてくるが、個別でPT的な対応を行う際には、まず好ましい行動に注目してほめる期間をもつことが大切である。また、PTやTTの効果を高めるためには、家庭内、学校内、そして家庭と学校間で連携して、子どもの行動の共通理解と一貫した対応を行っていくようにしたい。

3. アジェンダ（問題点と今後の課題）

PTの効果は国内外の研究で実証されているが、1グループに半年間かかるため、受けたいときに受けられない点、必ずしも全国一律にPTインストラクターがいるわけではなく、受けられない地域があることが大きな課題である。発達障害の診断がついているケースだけでなく、幼児期の診断疑いケースにおいてもニーズが高まってきており、実施機関の数を増やす研修システム、さらにさまざまなPTのよさを生かしつつ、5～6回と短期で実施可能な基本プラットホームといえるPTの開発と啓発が望まれる。

（岩坂 英巳）

文献

岩坂英巳（編）（2012）：困っている子をほめて育てるペアレント・トレーニングガイドブック――活用のポイントと実践．じほう．

福祉サービス制度

41. 福祉職員の専門性と養成

1. トピック（解説）

　障害福祉サービス事業所に配置される人員の基準には、事業所の種類によって看護職員（看護師・保健師）、理学療法士・作業療法士の配置が義務づけられているものもある。しかし多くの事業所では、生活支援員、就労支援員といった規定があるだけである。この生活支援員、就労支援員になるための資格についてはとくに規定されていない。支援員個人の意思によって国家資格をもつ者もいるが、多くは無資格であっても支援員としての業務に就くことができる。

　社会福祉に携わる職員の専門職には、介護福祉士、社会福祉士、精神保健福祉士、保育士、看護師、理学療法士、作業療法士、言語聴覚士といった国家資格がある。介護福祉士、保育士は直接支援に携わることを前提とした資格ではあるが、発達障害に関する専門性は有していない。また、社会福祉士、精神保健福祉士は相談支援を行うことが期待されている職種であり、直接支援に携わることを前提とはしていない。また、これらの資格を取得するうえで障害福祉サービスに関する知識が求められるが、主として制度に関するものが中心であり、障害の診断基準、認知特性についてはふれられていない。

　このように生活支援員、就労支援員については、発達障害者に対する支援の方法に関する専門性を有する資格が現在の日本の制度のなかにはない。

　発達障害者の直接支援に携わる福祉職員は、支援の技能と知識が求められる。技能には、発達障害者の認知・行動の変容をねらった応用行動分析、認知行動療法、さらには動作法といった心理学的技法があげられる。さらには構造化という手法によって発達障害者にとってわかりやすい環境を提供するTEACCHプログラムもその1つである。また、発達障害者のアセスメントを適切に行うためには、認知発達に関する知識が必要である。このような知識・技能を最大限活用し、1人ひとりの発達障害者に適した支援を構築していくことが福祉職員の専門性であろう。

2. エフォート（取り組み／実践）

　TEACCHプログラムや応用行動分析、認知行動療法、動作法といった技法については、専門家による研修が行われており、そのような研修にスタッフが積極的に参加できるような取り組みを積極的に取り入れている事業所も少なくない。

積極的に外部講師や支援のアドバイザーなどを呼び、客観的な視点での支援の評価を行い、支援員の専門性を高める取り組みを行っている事業所もある。このような取り組みは、以前から指摘されている障害福祉の閉鎖性を解消するためにも有効であろう。作業療法士や言語聴覚士のもつ技術・技法には発達障害者への支援に有効なものが多く含まれている。そのような技術・技法も参考にするためにも、専門職からのアドバイスを受ける機会を設けていくことは重要である。

図1　福祉職員の専門性

3. アジェンダ（問題点と今後の課題）

発達障害者への支援に携わる福祉職員の専門性は、これまで確立されてこなかった。そのことが最も大きな問題点であるといえよう。福祉の専門職といわれる各種国家資格はあるが、発達障害者への直接支援の専門職とはいえず、そのような資格も導入される予定はない。そのため、入職する時点で支援の専門性を有している支援者はいないといえよう。したがって、法人、事業所が独自の方法で支援者を養成していかなければならない。しかしながら養成という面では、職員の定着率が低いという問題も抱えている。数年で職員が離職してしまうために十分な養成ができていないという実態がうかがえる。そのような実情のなかでも、福祉職員の経験年数に応じた研修プログラムを導入している事業所もある。今後は、専門性の確立とともに、事業所内での取り組みの方法にもさまざまな工夫が必要とされるであろう。

（伊藤　浩）

第3部

特別支援教育＆支援ニーズ

●特別支援教育&支援ニーズ

42. 発達障害児の個別の指導計画＆個別の教育支援計画

1. トピック（解説）

　2012年7月に文部科学省中央教育審議会初等中等教育分科会より出された「共生社会の形成に向けたインクルーシブ教育システム構築のための特別支援教育の推進（報告）」（以下、「インクルーシブ報告」）では、個別の指導計画を次のように規定する。

　「幼児児童生徒一人一人の障害の状態等に応じたきめ細かい指導が行えるよう、学校における教育課程や指導計画、当該幼児児童生徒の個別の教育支援計画等を踏まえて、より具体的に幼児児童生徒一人一人の教育的ニーズに対応して、指導目標や指導内容・方法等を盛り込んだ指導計画」

　個別の指導計画は、1999年に改訂された「盲学校、聾学校及び養護学校学習指導要領」で初めて公的に規定された。この時点では、自立活動の指導及び重複障害者の指導において個別の指導計画を作成することを義務づけたが、2009年改訂の「特別支援学校学習指導要領」では、これらに限定せず、各教科等すべての指導での作成を義務づけた。

　個別の教育支援計画については、インクルーシブ報告では、以下のように規定している。

　「障害のある幼児児童生徒一人一人のニーズを正確に把握し、教育の視点から適切に対応していくという考え方の下に、医療、保健、福祉、労働等の関係機関との連携を図りつつ、乳幼児期から学校卒業後までの長期的視点に立って、一貫して的確な教育的支援を行うために、障害のある幼児児童生徒一人一人について作成した支援計画」

　個別の教育支援計画は、2002年、文部科学省から委嘱された調査研究協力者会議によって出された「今後の特別支援教育の在り方について（中間まとめ）」において提言されたものである。これは、障害者基本計画（閣議決定、2002年）に基づく「重点施策実施5か年計画」（障害者施策推進本部、2002年）の「個別の支援計画」に対応するものであり、「特別支援学校学習指導要領」（2009年）において作成が義務づけられた。

2. エフォート（取り組み／実践）

　個別の指導計画は、学習指導要領に基づく教育課程及び指導計画を子ども1人ひとりの教育的ニーズに即してより具体的にした指導計画であり、学校教育における授業等での指導及び評価に直結するものである。その作成にあたっては、個別の教育支援計画がふまえられ、より多角的かつきめ細やかな指導計画が求められる。

表1 「特別支援学校学習指導要領」(2009年) による個別の指導計画、個別の教育指導計画の主な記述

- 各教科等の指導に当たっては、個々の児童又は生徒の実態を的確に把握し、個別の指導計画を作成すること。また、個別の指導計画に基づいて行われた学習の状況や結果を適切に評価し、指導の改善に努めること。
- 学校の教育活動全体を通じて、個に応じた指導を充実するため、個別の指導計画に基づき指導方法や指導体制の工夫改善に努めること。
- 家庭及び地域や医療、福祉、保健、労働等の業務を行う関係機関との連携を図り、長期的な視点で児童又は生徒への教育的支援を行うために、個別の教育支援計画を作成すること。

個別の指導計画には、既定の書式は存在しないが、自治体等で基本形を定める場合もある。主に子どものプロフィール、指導の形態別の目標・手立てやその評価などが記入される。教育目標については、長期目標、短期目標のように指導期間ごとの目標設定が行われ、それぞれが授業において具体化される。個別の指導計画の書式を既存の通知表の書式と共通化することで、より効率的な活用を図ることもある。

個別の教育支援計画は、医療・福祉等の関係機関からの情報を教育の視点から整理した支援計画といえる。関係機関との連携をより効果的に行うためのツールが、個別の教育支援計画である。その性格上、内容は他の関係機関における個別の支援計画（たとえば福祉分野での「サービス等利用計画」）との連続・連携が図られる。学校教育における個別の指導計画の充実のみならず、就学前の福祉機関等からの引き継ぎ、在学中の放課後等デイサービスとの連携、卒業後の福祉・労働関係機関への引き継ぎなどを効果的に行うなど、ライフステージ全般にわたる支援計画に位置づくものである。

3. アジェンダ（問題点と今後の課題）

個別の指導計画も個別の教育支援計画も、特別支援学校では作成が義務づけられている。特別支援学級、通級による指導、通常学級での特別支援では、学習指導要領で作成が望ましいとされるが義務ではない。これらの場でも、適確な指導を行うために作成を推進していく必要がある。

特別支援学校でも、作成はしても活用しないという状況も聞かれる。通知表や学習指導案との一体化を図るなど、活用される計画にしていくことが課題となる。

（名古屋 恒彦）

文献

文部科学省（2009）：特別支援学校小学部・中学部学習指導要領．文部科学省．
文部科学省（2012）：共生社会の形成に向けたインクルーシブ教育システム構築のための特別支援教育の推進（報告）．文部科学省．

特別支援教育&支援ニーズ

43. 発達障害と合理的配慮

1. トピック（解説）

　合理的配慮（reasonable accommodation）とは、障害者の権利に関する条約の条文のなかで規定された概念である。同条約の第2条（定義）では、合理的配慮を「障害者が他の者との平等を基礎として全ての人権及び基本的自由を享有し、又は行使することを確保するための必要かつ適当な変更及び調整であって、特定の場合において必要とされるものであり、かつ、均衡を失した又は過度の負担を課さないもの」と定義している。また、同条文では、障害を理由とする差別には、「あらゆる形態の差別（合理的配慮の否定を含む。）を含む」ことを定めている。教育の分野では、同条約第24条において、教育についての障害者の権利を認めることを規定し、その権利の実現にあたり、「個人に必要とされる合理的配慮が提供されること」としている。このように、同条約における合理的配慮とは、発達障害のある人を含むすべての障害のある人、1人ひとりの個人に対して提供されるべき理にかなった配慮のことであり、合理的配慮の否定は障害者に対する差別として定義づけている。

2. エフォート（取り組み／実践）

　中央教育審議会初等中等教育分科会（2012）の「共生社会の形成に向けたインクルーシブ教育システム構築のための特別支援教育の推進（報告）」では、合理的配慮を「障害のある子どもが、他の子どもと平等に『教育を受ける権利』を享有・行使することを確保するために、学校の設置者及び学校が必要かつ適当な変更・調整を行うことであり、障害のある子どもに対し、その状況に応じて、学校教育を受ける場合に個別に必要とされるもの」であり、「学校の設置者及び学校に対して、体制面、財政面において、均衡を失した又は過度の負担を課さないもの」と定義している。また、同報告では、合理的配慮の基礎となる環境整備を「基礎的環境整備」と呼び、これらをもとに、「設置者及び学校が、各学校において、障害のある子どもに対し、その状況に応じて、合理的配慮を提供する」としている（図1）。さらに、同報告では、学校における合理的配慮の観点として、以下の3つの観点をあげ、その中に11の具体的な配慮の観点を例示している。観点①は「教育内容・方法」である。教育内容の配慮として「学習上又は生活上の困難を改善・克服するため」の配慮や「学習内容の変更・調整」をあげている。たとえば、「学習内容の変更・調

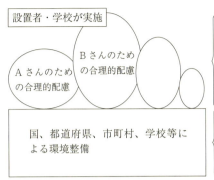

図1 合理的配慮と基礎的環境整備の関係

整」の例示として、上肢の不自由により時間がかかることや活動が困難な場合には、書く時間を延長したり、書いたり計算したりする量を軽減したり、体育等での運動の内容を変更するなどの学習内容の変更・調整を行うことを示している。また、教育方法の配慮として「情報・コミュニケーション及び教材の配慮」や「学習機会や体験の確保」「心理面・健康面の配慮」をあげている。観点②は「支援体制」である。具体的な配慮の観点として「専門性のある指導体制の整備」や「幼児児童生徒、教職員、保護者、地域の理解啓発を図るための配慮」「災害時等の支援体制の整備」をあげている。たとえば、「幼児児童生徒、教職員、保護者、地域の理解啓発を図るための配慮」の例示として、学習障害のある児童生徒に関して、努力によっても変わらない苦手なことや生まれつき得意なこと等、さまざまな個性があることや特定の感覚が過敏な場合もあること等について、周囲の児童生徒、教職員、保護者の理解啓発に努めることを示している。観点③は「施設・設備」である。具体的な配慮の観点として「校内環境のバリアフリー化」や「発達、障害の状態及び特性等に応じた指導ができる施設・設備の配慮」「災害時等への対応に必要な施設・設備の配慮」をあげている。たとえば、「校内環境のバリアフリー化」の例示として、知的障害のある幼児児童生徒の自主的な移動を促せるよう、動線や目的の場所が視覚的に理解できるように校内環境を整備することを示している。

3. アジェンダ（問題点と今後の課題）

同報告にもあるが、「これまで学校においては、障害のある児童生徒等への配慮は行われてきたものの、『合理的配慮』は新しい概念であり、現在、その確保についての理解は不十分」である。また、その評価についても、今後、障害者差別解消法との関係のなかで整理していくことが必要である。

(大崎 博史)

文献

中央教育審議会初等中等教育分科会（2012）：共生社会の形成に向けたインクルーシブ教育システム構築のための特別支援教育の推進（報告）

障害者の権利に関する条約（2014）：外務省ホームページ http://www.mofa.go.jp/mofaj/gaiko/page22_000599.html

障害者差別解消法（2014）：内閣府ホームページ http://www8.cao.go.jp/shougai/suishin/law_h25-65.html

特別支援教育&支援ニーズ

44. 発達障害と特別支援教育コーディネーター・校内委員会

1. トピック（解説）

　2012年の文部科学省の「通常の学級に在籍する発達障害の可能性のある特別な教育的支援を必要とする児童生徒に関する調査結果について」によると、該当する児童生徒は6.5%の割合で存在するとしており、40人学級の場合、2～3人の割合でこうした児童生徒が在籍していることになる。このような状況においては、通常の学級担任だけでなく、学校全体で支援体制を構築していくことが必要になる。

　この点について、2008年に告示された小学校学習指導要領解説においては、「担任教師だけが指導に当たるのではなく、校内委員会を設置し、特別支援教育コーディネーターを指名するなど学校全体の支援体制を整備する」ことが必要であるとし、学校全体の支援体制を整備する手段として、校内委員会と特別支援教育コーディネーターの重要性を明記している。

　2007年4月に特別支援教育がスタートしたが、その際に文部科学省から出された「特別支援教育の推進について（通知）」において、特別支援教育コーディネーターについては、各学校の校長に特別支援教育のコーディネーター的な役割を担う教員を特別支援教育コーディネーターに指名し、校務分掌に明確に位置づけることを求めている。また、特別支援教育コーディネーターには、各学校における特別支援教育の推進のため、主に、校内委員会・校内研修の企画・運営、関係諸機関・学校との連絡・調整、保護者からの相談窓口などの役割を担うことを期待している。

　校内委員会については、校長のリーダーシップのもと、全校的な支援体制を確立し、発達障害を含む障害のある子どもの実態把握や支援方策の検討等を行うことを求めている。また、委員会は、校長、教頭、特別支援教育コーディネーター、教務主任、生徒指導主事、通級指導教室担当教員、特別支援学級教員、養護教諭、対象の幼児児童生徒の学級担任、学年主任などで構成することとされている。

2. エフォート（取り組み／実践）

　文部科学省は特別支援教育が制度化される以前の2003年度より、小・中学校を対象に「特別支援教育推進体制モデル事業」を開始し、2005年度には幼稚園・高等学校も含めた「特別支援教育体制推進事業」に拡大し、特別支援教育コーディネーターの指名や校内委

44. 発達障害と特別支援教育コーディネーター・校内委員会

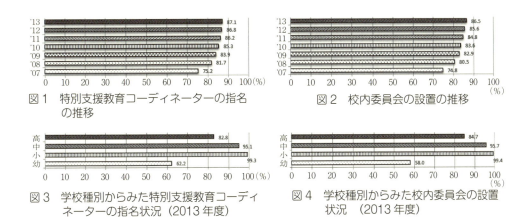

図1　特別支援教育コーディネーターの指名の推移

図2　校内委員会の設置の推移

図3　学校種別からみた特別支援教育コーディネーターの指名状況（2013年度）

図4　学校種別からみた校内委員会の設置状況（2013年度）

員会の設置も含めて、特別支援教育体制の充実・整備に努め、その実施状況を毎年公表している。図1、図2は特別支援教育が制度化された2007年度以降の状況を示したものであるが、特別支援教育コーディネーターの指名も校内委員会の設置も順調に割合が上がっていることがわかる。図3、図4は2013年度における状況を学校種別に見たものであるが、小学校では特別支援教育コーディネーターも校内委員会もほぼ100％に近い数値を示している。次いで、中学校、幼稚園、高等学校という順になっている（文部科学省、2014）。

2013年度における校内委員会の開催回数を見てみると、0回が3.3％、1回が17.6％、2回が22.5％、3回が15.9％、4回以上が40.7％となっている（文部科学省、2014）。ただし、3回以下という学校が半数を占めており、十分な情報・意見交換がなされ、子どもの指導に反映されているかは検証していく必要があろう。

3. アジェンダ（問題点と今後の課題）

図3、図4からわかるように、小学校・中学校に比べて幼稚園と高等学校の特別支援教育体制が十分ではないことがうかがわれ、義務教育段階前後の整備が今後の課題といえる。特別支援教育コーディネーターについては、担当者は、他の職務と兼務の状況にあるが、今後は専任としての配置が望まれる。校内委員会については、教員が多忙感を抱かないように、他の委員会との関係をふまえながら、効率的に機能させる必要があろう。

（河合　康）

文献

文部科学省（2007）：特別支援教育の推進について（通知）．
文部科学省（2012）：通常の学級に在籍する発達障害の可能性のある特別な教育的支援を必要とする児童生徒に関する調査結果について．
文部科学省（2014）：平成25年度特別支援教育体制整備状況調査結果について．

特別支援教育＆支援ニーズ

45. 発達障害児の
　　　ユニバーサルデザインによる教育

1. トピック（解説）

　ユニバーサルデザインとは、もともと建築やデザイン、福祉の分野から生まれた概念であり、「年齢、性別、障害の有無にかかわらず、人々が製品や施設、生活環境等を利用しやすいよう、はじめからデザインする考え方」（内閣府、2008）である。通常学級に在籍する特別な支援が必要な児童生徒の増加に伴って、学習面または行動面で著しい困難を示すとされた児童生徒も含めた学級全体に対する指導をどのように行うのか考えていく（文部科学省、2012）ことが求められ、通常学級におけるユニバーサルデザインによる教育の必要性が高まっている。教育におけるユニバーサルデザインの明確な定義はないが、特別な支援が必要な児童生徒だけではなく、どの子どもも過ごしやすく学びやすい学校生活や授業をめざすものと考えられている。発達障害児は、認知の偏り、対人関係、集団参加、運動・動作、言語・コミュニケーション、生活習慣、情緒等の困難さがある。具体的には、授業に参加するときに「注意が転導してしまう」「多動状態」「状況理解の難しさ」「見通しのもちにくさ」「常識・暗黙のルールの共有の難しさ」「関心のもちにくさ」、二次的な「学習意欲のもちにくさ」等があることにより授業への参加自体の問題をもつ。学習面では、「認知特性の偏り」「記憶の苦手さ」「理解や作業の遅さ」、「細かい部分への見落とし」「不注意なミス」「抽象的なものの理解の難しさ」「こだわりによる作業の遅さ」等によって授業内容の理解や習得の困難さがある。また、グループ活動の場面では、クラスの児童生徒との「意思疎通の難しさ」「常識・暗黙のルールの共有の難しさ」も併せもち、対人関係や集団参加がスムーズに進まない。そこで、このような発達障害の児童生徒を含めた学級に対して、授業の参加、授業内容の理解や習得、対人関係構築や集団参加に向けた取り組みにユニバーサルデザインによる教育を活用していく。

2. エフォート（取り組み／実践）

　ユニバーサルデザインによる教育を取り入れた学級経営や授業づくり、授業改善の実践がなされてきている。これまでの実践をまとめると、授業に参加するためのユニバーサルデザインによる取り組みとして、教室内の環境設定（掲示物や音などの刺激量の調整、教室内の整理整頓）、時間の構造化（スケジュールを見えるようにする）、授業に参加するためのルールの明確化（聞く姿勢、発言の仕方等）が行われている。また、授業内容の理解

45. 発達障害児の ユニバーサルデザインによる教育

すべての子どもが学びやすい学校生活や授業へ

対人関係
集団参加
- 集団の中の役割つくり
- 失敗を笑える雰囲気
- 得意不得意を含めた対人理解

授業内容の
理解と習得
- 授業展開の構造化
- スモールステップ化
- 視覚的援助化
- 作業・動作化

授業参加
- 教室内の環境設定
- 時間の構造化
- 授業参加のルールの明確化

図1　ユニバーサルデザインによる教育

や習得に向けたユニバーサルデザインによる取り組みとして、授業展開の構造化、授業内容のスモールステップ化、説明の際の視覚化、学習内容の作業・動作化がある。対人関係や集団参加に向けたユニバーサルデザインによる取り組みとして、集団の中で役割をつくり、行うことをわかりやすくする、失敗を笑えるような雰囲気をつくる、得意・不得意を含めたお互いの理解を進めることが実践されている。ユニバーサルデザインによる教育を行うことによって、発達障害児のみならずすべての子どもたちの参加の状況を整え、学習の理解を進め、学習の習得に向かっていくという視点が重要である。

3. アジェンダ（問題点と今後の課題）

ユニバーサルデザインの定義は1つではないため、ユニバーサルデザインをどのように捉えるのかにより、実践の視点が異なることがある。また、ユニバーサルデザインによる教育には内容によっては取り入れやすさに差があり、教師は「教師の話し方」「学習環境の整備」は取り入れやすいが、「授業の進め方」「教材・教具の工夫」「課題設定」については取り入れにくいことが報告されている。ユニバーサルデザインによる教育を通して、発達障害児の学習習得をめざすためには、学習環境の整え方、授業における理解や習得に向けた教科の補充指導の行い方、クラス内での子ども同士の理解や関係の進め方も考えていく必要がある。

（腰川 一惠）

文献

桂聖・廣瀬由美子（2012）：教科教育に特別支援教育の視点を取り入れる授業のユニバーサルデザイン．東洋館出版社．

文部科学省（2012）：通常の学級に在籍する発達障害の可能性のある特別な教育的支援を必要とする児童生徒に関する調査結果．

内閣府（2008）：平成18年度バリアフリー・ユニバーサルデザインの推進普及方策に関する調査研究報告書．

特別支援教育&支援ニーズ

46. 発達障害児の交流及び共同学習

1. トピック（解説）

　交流及び共同学習は、障害の有無にかかわらず誰もが相互に人格と個性を尊重し合える共生社会の実現をめざすという目的のため、障害のある人と障害のない人が互いに理解し合うこと、障害のある子どもと障害のない子ども、あるいは地域社会の人とが、ふれ合い、ともに活動する機会を設けること、とされている。交流及び共同学習は現行の小・中学校や特別支援学校の学習指導要領にも記載されており、その活動は相互のふれ合いを通じて豊かな人間性をはぐくむことを目的とする交流の側面と、教科等のねらいの達成を目的とする共同学習の側面がある。交流及び共同学習実施の際には、子どもの主体的な活動に配慮するとともに、関係者の共通理解、組織づくり、指導計画の作成、事前学習、事後学習、評価の方法が重要になる。交流教育は、1971年の特殊教育諸学校小学部・中学部学習指導要領に特別活動として示された。目的は、児童または生徒の経験を広め、社会性を養い、好ましい人間関係を育てるため、小学校の児童または中学校の生徒と活動をともにする機会を積極的に設けるようにすることが望ましい、ということであった。その後養護学校教育の義務制実施を契機として、盲・聾・養護学校学習指導要領に交流が記載され、1979年度から文部省が心身障害児理解・認識推進事業に着手したのが交流教育の全国展開である。そして2004年の障害者基本法の一部改正により「交流教育」は「交流及び共同学習」に改められ、国及び地方公共団体は障害のある児童及び生徒と障害のない児童及び生徒との交流及び共同学習を積極的に進めることによって、その相互理解を促進しなければならない、と規定された。交流活動や交流教育に共同学習の要素も入ったことで、場の共有のみならず双方の学習目標の達成も視野に入れられたのである。

2. エフォート（取り組み／実践）

　発達障害者支援法が定義する発達障害児を考慮した場合、特別支援学校（知的障害）及び特別支援学級（知的障害もしくは情緒障害）、通級、通常学級の交流及び共同学習が想定される（表1）。障害児が特別支援学校に在籍する場合は、学校間交流と地域交流、居住地校交流、居住地交流がある。特別支援学級に在籍する場合は、小・中学校の特別支援学級と通常学級の交流及び共同学習がある。通常学級に在籍して通級による指導を受ける場合は、「多くの時間を通常の学級で交流及び共同学習を行って」おり、通級による指導

表1　発達障害児の交流及び共同学習

障害児の在籍	交流及び共同学習の形態	交流及び共同学習の内容
通常学級	通常学級内共同学習（全時間））	小・中学校内の通常学級において、全活動を個人で同学年の学級の児童生徒とともに学ぶ。
通常学級（通級による指導を受ける）	通常学級内共同学習（月1から週8時間以外）	小・中学校内の通常学級において、通級以外の全活動を個人で同学年の学級の児童生徒とともに学ぶ。
特別支援学級	学校内交流及び共同学習	小・中学校内の特別支援学級と通常学級において、授業や行事に個人、グループ、学級単位で相互に参加してともに学ぶ。
特別支援学校	学校間交流	特別支援学校の所在地近くの地域の学校において、授業や行事に個人、グループ、学級、学部単位で相互に参加する。活動をともにして直接的にふれ合う活動や作品の交換やインターネットによるやりとりなどで間接的にふれ合う活動がある。
	地域交流	特別支援学校の所在地近くの地域において、放課後や長期休業中の活動等に集団で参加するまたは特別支援学校行事に地域の人たちを招く。
	居住地校交流	特別支援学校に在籍している児童生徒の居住地の学校において、授業や行事に個人で参加する。
	居住地交流	特別支援学校に在籍している児童生徒の居住地において、行事や活動に個人で参加する。

を受けない障害児は「全活動を通常の学級で交流及び共同学習を行っている」とも解釈できる。交流教育と共同教育・共同学習は、「分離したうえで一緒に行う学習」と「統合したうえで行う学習」として、別の意味をもっていたが、障害者基本法の一部改正以降「交流及び共同学習」として用いられて、現在に至っている。主たる教育課程が異なる場合の交流及び共同学習は、物理的な場や活動を共有し、教育目標はそれぞれの教育課程に基づく。知的障害のない発達障害児などほとんどの教育課程が同じ場合は、場や活動と教育目標も共有できる。そのうえで障害児の個別の教育支援計画に沿った教育活動が保障されるのであれば、「合理的配慮」のあるインクルーシブな教育形態になろう。

3. アジェンダ（問題点と今後の課題）

今後の課題は、交流及び共同学習をいかにインクルーシブ教育システム構築のための漸進的取り組みに位置づけるかである。そのためには、1人ひとりの教育的ニーズに応じる特別な指導の連続体としての学習形態の具体化、特別支援学校と小・中学校の教育課程の連続性の確保、そして通級による指導を受けている障害児とともに全活動を通常学級で学ぶ障害児にとっての交流及び共同学習の意義について検討すること、が必要である。

（是永 かな子）

文献

国立特別支援教育総合研究所（2008）：「『交流及び共同学習』の推進に関する実際的研究」プロジェクト研究成果報告書：小・中学校における障害のある子どもへの「教育支援体制に関する在り方」及び「交流及び共同学習」の推進に関する実際的研究．

特別支援教育＆支援ニーズ

47. 発達障害とICT活用による教育

1. トピック（解説）

　近年における情報通信技術（Information and Communication Technology: ICT）は、機器の高機能化・高速化・大容量化、そして低価格化が著しく進み、我々の生活にとって必要不可欠な社会インフラの1つとなった。発達障害児者の支援においてもICTの応用可能性がより広範囲となり、国際生活機能分類（ICF）における背景因子、とくに環境からの促進要因としてICTが活動や参加に大きく作用することが期待される。換言すると、ICTがより広範囲に合理的配慮のツールとなることへの期待が高まりつつある（一部のICT機器はすでに、日常生活用具または補装具の補助対象となっている）。ICTは家庭にも広く普及し、特別支援教育の場においても保護者等からICT活用のニーズが表出しつつある。教員らは児童・生徒の学習上または生活上の困難を改善・克服するためにICTの活用を牽引する存在になることが待望される。

　特別支援教育におけるICTの活用範囲を俯瞰すると、A. 児童・生徒自身による活用と、B. 教員等による活用の両面がある。A. 児童・生徒自身による活用は、児童・生徒の発達水準や障害特性（障害の種別・程度）に応じて、[A1] コミュニケーション等、日常生活動作（ADL）の手段としての活用、[A2] 学習活動の道具としての活用、そして[A3] 就労に向けた技能習得としての活用、に大別できる。また、B. 教員等による活用は、[B1] 教室での授業等における教材としての活用、そして[B2] 職員室での校務や、児童・生徒の情報管理・情報共有における道具としての活用、に大別できる。さらに、児童・生徒自身と教員等の両者に共通して、[C1] ICTそのもののリテラシー（機器の活用を可能にするための入出力方法や、器具・機種の吟味）と、[C2] インターネット等、情報化社会における振る舞い（情報リテラシー）の獲得が重要となる。

2. エフォート（取り組み／実践）

　ICT機器は近年、パソコン、iPad等のタブレットPC、スマートフォン等、選択肢が多様にある。また、支援に活用できるソフトウェア（アプリ）も多数存在する。とくにタブレットPC向けには、無料または安価ながら優れたアプリが多く、機器さえ入手すればアプリを購入するための経済的負担が不要になる場合もある。

　実際に機器やソフトウェアを選択して支援に活用する過程では、まず、ICT活用が何

表1　特別支援教育におけるICTの活用範囲

A. 児童・生徒自身によるICT活用
　[A1] コミュニケーション等、ADLの手段としての活用
　　　例）AAC、VOCA、予定や時間の可視化、
　　　　　ナビゲーションによる移動補助
　[A2] 学習活動の道具としての活用
　　　例）書字や読みの補助、課題の可視化、ソーシャル
　　　　　スキルトレーニング、写真や動画での振り返り
　[A3] 就労に向けた技能習得
　　　例）入力作業、印刷、伝票管理、自身の業務管理
B. 教員等によるICT活用
　[B1] 教室での授業等における教材としての活用
　　　例）教材作成、授業準備、授業時の利用
　[B2] 校務、児童・生徒の情報管理
　　　例）教材の共有、児童・生徒の情報の共有
C. リテラシー関連
　[C1] ICTそのもののリテラシー
　　　例）入出力スキルの獲得と入出力方法の吟味
　　　　　（スキャン入力、音声出力等）
　[C2] 情報リテラシー・メディアリテラシー
　　　例）ネット上の情報の捉え方、情報発信、
　　　　　メールやSNSでのマナー

らかのスキル獲得の手段なのか、それとも児童・生徒が今後もICTを日常の生活用具の1つとして利用するのかといった、ICT活用の目的を明確にする必要がある。

そのうえで、児童・生徒の①日常生活や学習活動における「困り感」、②支援計画の内容・目標、③発達水準、障害特性、認知特性（知能、視空間処理能力、記憶力等）、運動機能特性（手指の巧緻性、筋力、可動範囲等）、これら複数の要因を勘案しながら総合的に機器やソフトウェアを選択する。

日々の実践ではPlan-Do-Seeの流れに沿って児童・生徒の反応を観察し、他の活用方法や機器・ソフトウェアの再選択も念頭に置きつつ、試行錯誤を厭わない活用の姿勢が望まれる。

3. アジェンダ（問題点と今後の課題）

技術が進歩しても、ICTは教育における手段・方法の1つに過ぎない。ICT活用の本来の目的を常に明確にしておき、そこから大きく逸脱しないようにしたい。そのためにも、教員は自身の実践可能性にとらわれず、ICTの活用可能性について情報収集と思索を日々継続すべきである。ICT活用を実践で導入する過程においては、独力に依存せず、より高いICTの専門性をもつ内外の人材との連携体制も視野に入れる。たとえば、全日本情報学習振興協会認定の福祉情報技術コーディネーターは、障害児者の支援技術（Assistive Technology: AT）について、環境提案と操作技術の指導に精通した人材である。教員は教育の専門家としてICT活用を包含した教育支援の青写真を描き、専門家と連携のうえでより有益な実践に結実できるようにしたい。

併せて、家庭との連携のうえで、ライフスパンの視点から児童・生徒の生涯におけるICTとのかかわり方を明確にすることが今後求められるであろう。

（爲川 雄二）

文献

金森克浩（編）(2012〜2014)：実践 特別支援教育とAT（第1集〜第5集）．明治図書．

特別支援教育＆支援ニーズ

48. 特別支援学級

1. トピック（解説）

　特別支援学級とは、障害もしくは学習や社会適応の困難さを有する児童生徒を対象とし、通常の学級や通級指導教室だけでは提供できない個々のニーズに応じた教育を提供する学級である。ただし、特別支援学校の対象ほど重度の障害を有していないことを基本とする。特別支援学級の種類は、表1に示す7種類である。法的根拠は学校教育法第81条第2項であり、小中学校（中等教育学校）、高等学校に設置ができることが示されている。また、疾病により療養中の児童生徒には病院内に学級を設置して教育を行うことができる。入級の具体的な規定は、文部科学省「教育支援資料」に示されている。特別支援学級の教育課程は、児童生徒の障害の種類や程度、ニーズに応じて決定される。基本的には、知的な遅れが見られないか軽度の場合は教科中心の教育課程で、障害やニーズに特化した指導のために自立活動の時間を設定する。知的な遅れが見られる場合には、領域教科を併せた指導中心の教育課程となり、指導内容を焦点化・重点化し、体験を通した指導が中心となる。なお、特別支援学級だけで教育するのではなく、通常の学級で障害のない児童生徒と一緒に学ぶ「交流及び共同学習」が推進されている。

2. エフォート（取り組み／実践）

　最近の特別支援学級の現状として特徴的なことは、発達障害（もしくはその疑い）や軽度の知的な遅れのある児童生徒の在籍や、通常学級からの措置替えが増加傾向にあることである（2013年度の在籍状況を表1に示した）。その根拠は、在籍児童生徒数の増加（2003年度比較で約2倍）、通常学級で授業を受ける時数や科目数の増加、知的障害の特別支援学級での軽度知的障害児童生徒の増加、自閉症・情緒障害学級における自閉症スペクトラムの児童生徒の割合の高さと教科中心の教育課程採用の増加などである。さらに、特別支援学級で学ぶ時間数も多様化しており、1人ひとりのニーズによって時数を決められるため、通級指導教室に類似した利用者が増加している。なお、中学校特別支援学級生徒の卒業後の進学先は、特別支援学校高等部が約72％、普通高校が約28％（2011年度卒業生）であった。

　課題として、多様なニーズに対応するための運営上の困難さ（個々の時間割の多様化、通常学級担任との連携の難しさなど）、特別支援教育に関する専門性を有する教員不足、

普通高校で特別支援学級で対応が望まれる生徒への対応が十分ではないこと（学級未設置の現状など）があげられる。

表1　2013年度の特別支援学級の在籍状況

	在籍数			1学級平均人数
	小学部	中学部	合計	
知的障害	59,738	30,665	90,403	3.8
肢体不自由	3,193	1,106	4,299	1.6
病弱・身体虚弱	1,794	776	2,570	1.7
弱視	353	89	442	1.2
難聴	989	411	1,400	1.6
言語障害	1,511	140	1,651	2.9
自閉症・情緒障害	53,328	20,788	74,116	3.7
合計	120,906	53,975	174,881	3.5

（人）

3. アジェンダ（問題点と今後の課題）

　文部科学省が示す「インクルーシブ教育システムの構築」により、今後は通常の学級を中心とした教育が主となり、在籍者が増加することが予想される。しかし、通常の学級における発達障害特性の児童生徒の割合の高さ、学力や行動上の問題を有する児童生徒の割合の増加を考えると、特別支援学級は、今まで以上に個に応じた教育を果たすことが期待されるであろう。利用する人数が増えることと利用のニーズの多様化により時数もますます多様化することを考えると、固定式の学級ではなくアメリカのリソースルームのように在籍を通常学級にする通級様式が妥当ではないか。かつて中教審で「特別支援教室（仮称）」構想が提案されたが、いまだに実施には至っていない。今後、特別支援学級の役割とそのあり方が検討課題といえる。

（長澤 正樹）

文献

文部科学省教育支援資料　http://www.mext.go.jp/a_menu/shotou/tokubetu/material/1340250.htm

特別支援教育＆支援ニーズ

49. 特別支援学校

1. トピック（解説）

　特別支援学校とは、視覚障害、聴覚障害、知的障害、肢体不自由、病弱・身体虚弱の障害の程度が比較的重い子どもを対象として専門性の高い教育を行う学校である。幼稚園から高等学校に相当する年齢段階の教育を、特別支援学校のそれぞれの幼稚部・小学部・中学部・高等部で行っている。2007年4月から、「特別支援教育」が学校教育法に位置づけられた。この制度改正により、地域のニーズに応じて、設置者（都道府県など）の判断で、1つの障害種に対応した特別支援学校だけではなく、複数の障害種を対象とした特別支援学校のいずれもが設置可能となった。また、地域における特別支援教育を推進するために、特別支援学校がその専門性を活かし、幼稚園、小学校、中学校、高等学校等の養成に応じて支援を行う特別支援教育のセンター的機能を果たすことが求められている。

　2009年3月に告示された特別支援学校学習指導要領では、現行の学習指導要領の理念である「生きる力」をはぐくむことをますます重視し、障害の重度・重複化、多様化への対応、1人ひとりに応じた指導の充実、自立と社会参加に向けた職業教育の充実、交流及び共同学習の推進を基本方針としている。

　近年、特別支援学校（知的障害）の高等部では、生徒数の増加が指摘されており教室不足等の問題を抱えている。なかでも知的障害の程度が軽度（以下、軽度知的障害）の生徒が増え、高等部全体のなかで占める割合が多い。高等部教育は学校生活から職業生活につなげていく重要な時期である。ところが、特別支援学校高等部卒業者の企業等への就労は依然として厳しい状況にあり、特別支援学校卒業者の就職率は約25％（2012年度）にとどまっている。障害者の自立と社会参加を促進するため、福祉や労働等の関係機関と連携しながら職業教育や進路指導の一層の改善が求められている。

2. エフォート（取り組み／実践）

　軽度知的障害をはじめとする高等部生徒の増加への対応として、各自治体では高等特別支援学校を設置する、高等学校内に分校や分教室を設置する等の対応をしている。また学校内においては、発達段階に応じた教育活動の充実を図るために教育課程を類型化する、コース制を導入するといった工夫が見られる。文部科学省では、職業に関する教科等についての課題として下記の3つをあげている。①高等部の専門教科については、社会の

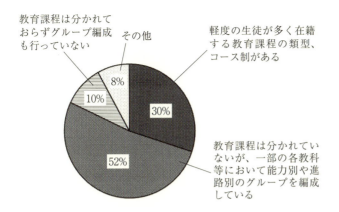

図1　特別支援学校（知的障害）高等部の類型、コースの有無

国立特別支援教育総合研究所（2012）を一部改編

変化や時代の推進、近年の障害者の就業状況などをふまえ、必要な見直しを行う。②職業に関する教科については、現場実習等の体験的な学習を一層重視すること、地域や産業界との連携を図り、企業関係者など外部の専門家を積極的に活用することで明確にする。③進路指導にあたっては、関係機関と連携を図りながら、生徒が自分に合った進路を主体的に選択できるよう、早い段階から進路指導を充実する。これらを受け、モデル地域における事業（モデル校の改善プランの検討・評価、教員研修の実施、技能検定等の開発）が進められている。

3. アジェンダ（問題点と今後の課題）

東京都教育委員会は、特別支援学校が地域のセンター的機能の役割を担っている点から、発達障害の生徒が相当程度在籍していると推測されるチャレンジスクールやエンカレッジスクール、昼夜間定時制高等学校においても障害特性に応じた進路指導を行うとともに、必要に応じて福祉、労働等の関係機関と連携した就労支援等を進めることが大切であるとしている。そのためには、知的障害特別支援学校高等部がこれまで蓄積してきた進路指導のノウハウ等を参考にしながら、発達障害の生徒の進路指導を充実させていくことが望まれる。

（渡邉 貴裕）

文献

国立特別支援教育総合研究所（2012）：特別支援学校（知的障害）高等部における軽度知的障害のある生徒に対する教育課程に関する研究――必要性の高い指導内容の検討（平成22年度～23年度）研究成果報告書.

文部科学省（2013）：障害者の雇用を支える連携体制の構築・強化について（平成25年3月29日付け厚生労働省通達）.

東京都教育委員会（2010）：東京都特別支援教育推進計画書（第三次実施計画）第4章都立学校等における特別支援教育推進体制の整備.

特別支援教育＆支援ニーズ

50. 発達障害児の通級による指導

1. トピック（解説）

　特別支援教育における指導形態の1つに通級指導教室がある。1993年4月に制度化され、当初は小・中学校の通常学級に在籍している言語障害や情緒障害、弱視、難聴などの障害のうち、比較的軽度の障害がある児童生徒を対象に、個々の障害の状態に応じた特別の指導を行うことを目的とした特別な指導の場所（通級指導教室）としてスタートした。対象となる児童生徒は、各教科等の指導は在籍している学校の通常学級で行うが、自立活動や各教科の補充指導等をこの通級指導教室で受けている。制度化された1993年度に通級指導教室の対象となった児童生徒は1万2000人であったが、2006年度より施行された「学校教育施行規則の一部を改正する省令」により、発達障害のある児童生徒も対象となったことから2006年度には4万人を超え、2013年度には7万7882人が通級指導教室で教育を受けている。このうち、発達障害のある児童生徒は、自閉症スペクトラム（1万2308名、15.8%）、情緒障害（8613名、11.1%）、学習障害（1万769名、13.8%）、注意欠陥多動性障害（1万324名、13.3%）であり、発達障害のある児童生徒が全体の54%となっている。

　通級による指導では、対象となる児童生徒のもっている個々の障害の状態を改善し、社会への適応能力を養うことが大切である。そのため、教育課程は障害の状態の改善や克服を目的とした「自立活動」がメインとなり、特別な教育課程を編成することができる。指導時間については、週1時間（単位）程度から週8時間（単位）以内が標準的な指導時間とされている。「自立活動」以外でも対象となる児童生徒のニーズや障害実態から国語や算数（数学）などの各教科の補充指導も行っており、実際には小集団による「自立活動」や個別指導による教科指導を並行して指導している取り組みが多く見られている。

2. エフォート（取り組み／実践）

　通級指導教室を利用している児童生徒は、自校の中に通級教室が設置されていない限り地域の他校に設置されている通級教室に通っている。そのため、児童生徒への支援のみならず、在籍校への支援（連携）や保護者への支援を総合的に行う必要がある。発達障害のある児童生徒への主な具体的な支援としては、発達障害の特徴に鑑み「自立活動」ではソーシャルスキルの獲得に、教科指導では認知能力の偏りや弱さの改善等に取り組んでいる（図1）。自立活動のソーシャルスキルでは、あいさつなどのコミュニケーション行動

50. 発達障害児の通級による指導

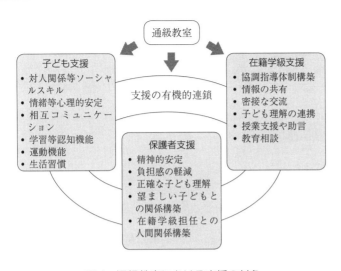

図1　通級教室における支援の対象

や感情や意志をコントロールする方法を身につけるため、ボードゲームやカードゲームを行っている。また各教科の補充指導では、国語や算数（数学）等の基礎学力定着のための授業が中心で、児童生徒に応じた問題集のくり返し学習やパソコンの学習ソフトを用いた学習を行っている。これらの支援内容について、保護者からは内容よりも利用期間（授業時間）の増加や確保の希望が出されており、地域の大学における学生ボランティアや地域ボランティア等の外部からの支援が有効活用されているケースも報告されている。

3. アジェンダ（問題点と今後の課題）

通級指導を受けている児童生徒のうち他校からの通級に対しては個別の支援計画が作成されていないケースが多く、より充実した指導の成果を得るために医療や福祉、在校学校の学級担任及び保護者との連携が必要である。また、近年発達障害のある児童生徒の利用に伴い、通級指導教室を利用する児童生徒が増加しており、とくに発達障害のある児童生徒やその保護者への対応（指導内容の充実、通級教室への理解と啓蒙等）が求められている。

（田実　潔）

文献

独立行政法人国立特別支援教育総合研究所（2012）：発達障害を対象とする通級指導教室における支援の充実に向けた実際的研究——「発達障害を対象とした通級指導教室の基本的な運営マニュアル（試案）」の作成に向けて．平成23年度研究成果報告書，1-20.

平子雅張・菊池紀彦（2012）：発達障害児に対する通級指導教室の役割とその重要性についての検討．三重大学教育学部研究紀要（教育科学），63，203-214.

特別支援教育&支援ニーズ

51. 発達障害と特別支援教室

1. トピック（解説）

　特別支援教室とは、「今後の特別支援教育の在り方について（最終報告）」（2003年3月）による最初の提言をふまえ、中央教育審議会の答申「特別支援教育を推進するための制度の在り方について」（2005年12月）に示された構想である。最終報告では、「特殊学級や通級指導教室について、その学級編制や指導の実態をふまえ必要な見直しを行いつつ、障害の多様化をふまえ柔軟かつ弾力的な対応が可能となるような制度の在り方」を模索するなかで、「全授業時間固定式の学級を維持するのではなく、通常の学級に在籍したうえで障害に応じた教科指導や障害に起因する困難の改善・克服のための指導を必要な時間のみ特別の場で行う形態」として、特別支援教室の具体的な検討が求められた。これを受けた答申は、特別支援教室に関して、発達障害を含む障害のある児童生徒が「教員の適切な配慮、ティーム・ティーチング、個別指導や学習内容の習熟に応じた指導などの工夫により通常の学級において教育を受けつつ、必要な時間に特別の指導を受ける教室」をイメージし、①「ほとんどの時間を特別支援教室で特別の指導を受ける」、②「比較的多くの時間を通常の学級で指導を受けつつ、障害の状態に応じ、相当程度の時間を特別支援教室で特別の指導を受ける」、③「一部の時間のみ特別支援教室で特別の指導を受ける」という形態を例示した。なお、地域の実情、障害の状態、指導や支援の内容・程度に応じて、これらの中間的なものや組み合わせの導入も想定される。この仕組みは、現段階では法令に位置づけられてはいないものの、「学校教育法等の一部を改正する法律」（2006年法律第80号、2007年4月1日施行）の制定にあたって、参議院文教科学委員会が「特別支援学級に関しては、（中略）特別支援教室にできるだけ早く移行するよう十分に検討を行うこと」との付帯決議を採択する等、今後の運用をめぐる議論が継続されている。

2. エフォート（取り組み／実践）

　特別支援教室構想の制度化に向けて、2006年度に「特別支援教室制度研究会」（国立特殊教育総合研究所・上越市教育委員会・横浜市教育委員会・長野市教育委員会・宇治市教育委員会・栗原市教育委員会・あきる野市教育委員会・湖南市教育委員会）が発足し、7市21校の研究協力校における実践が進められた（国立特別支援教育総合研究所、2009）。また、学習指導要領によらない教育課程の編成・実施を認める研究開発学校（表1）の指

表1　研究開発学校（特別支援教室構想関係）指定校

- 大阪府高槻市立五領小学校（2005〜2007年度）
- 宮城県仙台市立小松島小学校（2006〜2008年度）
- 埼玉県熊谷市立富士見中学校（2007〜2009年度）
- 茨城県坂東市立岩井中学校（2008〜2010年度）
- 岐阜県高山市立東小学校（2009〜2011年度）
- 新潟県新潟市立新津第二中学校（2010〜2012年度）

文部科学省（2010）より

定により、校内の資源や支援体制に応じた特別の指導の内容や時間数に関する検討が行われてきた。他方、東京都では「東京都特別支援教育推進計画第三次実施計画」（2010年11月）に基づき、すべての小・中学校に特別支援教室を設置する方針（2016年度から順次小学校から導入する計画）が示され、独自に「特別支援教室モデル事業」（2012〜2014年度、目黒区、北区、狛江市、羽村市）を展開してきた。この取り組みは、2016年度以降、準備が整った区市町村から順次導入される。在籍校での重層的な支援体制の整備をめざし、従来の通級指導のような児童生徒が在籍校を離れて通う形態（子どもが動く）から、拠点校の教員が在籍校を巡回して指導する形態（教員が動く）への転換が意図されている。これにより、①児童生徒が在籍校で過ごす時間が増加し、周囲の環境や学級への適応状態に応じた巡回教員による指導が可能になる、②保護者にとっても、付き添いの負担が軽減されるとともに、在籍校で巡回教員と相談する機会が拡大する等の効果が期待されている。

3. アジェンダ（問題点と今後の課題）

今後の検討課題として、①設置形態（障害種別にすべきか否か）、②教員配置の基準、③教員の専門性確保、④教育課程の編成・実施・評価のあり方、⑤在籍学級と特別支援教室との指導・責任の分担、⑥現行制度の枠外にいる軽度の障害のある児童生徒への対応等があげられている（特別支援教育の推進に関する調査研究協力者会議　審議経過報告、2010年3月）。特別支援教室を活用した切れ目のない効果的な支援体制の構築が求められている。

（吉利 宗久）

文献

国立特殊教育総合研究所（2009）：研究成果報告書「特別支援教室構想」に関する研究.
文部科学省（2010）：特別支援教育の在り方に関する特別委員会（第4回）配付資料.
東京都教育委員会（2015）：リーフレット「保護者の皆様へ　小学校の『情緒障害等通級指導学級』が『特別支援教室』に変わります」.

特別支援教育&支援ニーズ

52. 自閉症教育の実践

1. トピック（解説）

　自閉症教育とは、自閉症の特性のある児童生徒の社会参加・社会的自立を実現するための専門的な教育のことである。自閉症は、対人交流やコミュニケーションの困難さ、感覚刺激への反応の特異性、行動や興味・関心の著しい限定といった特性において、スペクトラムと呼ばれる幅をもった実態がある。また、非常に高い知的発達から、最重度の知的発達の遅れまで知的発達においても多様な実態がある。そのため、自閉症の特性と知的発達に適した専門的教育が必要となる。

　日本における自閉症教育の歴史は古い。昭和40年代には堀之内小学校（東京）等に情緒障害学級が開設され、自閉症教育が行われてきた。多くの教育関係者の熱意と努力により、自閉症児への教育実践が積み上げられてきた。しかしながら、自閉症は、情緒障害学級においてかん黙や習癖の異常、不登校や非行傾向のある児童生徒等と同じ情緒障害児として教育が行われてきた。また、知的障害がある場合は、知的障害特別支援学級や知的障害特別支援学校において知的障害児として教育が行われてきた。

　しかし、情緒障害や知的障害とは特性や障害の原因、必要な教育内容や教育環境、適切な指導や配慮の方法が異なる自閉症児を、情緒障害児として、また知的障害児として教育的対応を続けてきたことが自閉症教育の大きな混乱をもたらした。そこで、2001年の「21世紀の特殊教育の在り方について（最終報告）」において、「自閉症児への教育と情緒障害児への教育の違いを考慮しつつ、両者に対する教育的対応の在り方を見直していく必要がある」「知的障害と自閉症を併せ有する児童生徒等に対し、この二つの障害の違いを考慮しつつ、障害の特性に応じた対応について今後も研究が必要である」とされ、自閉症教育の見直しが喫緊の課題とされた。

2. エフォート（取り組み／実践）

　表1に、2001年以降に取り組まれた自閉症教育推進の主な国の事業を示した。基本的には通常の学級、特別支援学級、知的障害特別支援学校等の教育のなかに、自閉症児を教育対象として適切に位置づけていく取り組みと総括できる。たとえば、国立特別支援教育総合研究所は、2007年以降、自閉症・情緒障害特別支援学級に在籍する標準的な知的発達を有する自閉症児に対する指導内容・指導方法に関する研究を展開してきた。また、東

表1　2001年以降の国の自閉症教育の動向

2001年	「21世紀の特殊教育の在り方について（最終報告）」の答申
	自閉症の特性に応じた教育的対応の見直しを指摘
2004年	筑波大学附属久里浜特別支援学校の開校
	知的障害のある自閉症の幼児児童を対象とした学校設置
2006年	学校教育法施行規則の一部改正
	通級による指導の教育対象として自閉症者を規定
2007年	学校教育法の一部改正及び「特別支援教育の推進について」（文科省通知）
	LD、ADHD、高機能自閉症等を通常の学級の教育対象として規定
2008年	特別支援学級における障害種の明確化（文科省通知）
	特別支援学級の教育対象として自閉症者を規定
2009年	特別支援学校学習指導要領の告示
	自立活動の新たな区分として「人間関係の形成」を追加
2009〜2010年	文部科学省「自閉症に対応した教育課程の在り方に関する調査研究」実施
	自閉症の特性に応じた教育課程の編成や指導内容の開発を11県で実施

京都教育委員会は、2004年に東京都特別支援教育推進計画を策定し、知的障害特別支援学校における自閉症児の教育課程の開発や、自閉症・情緒障害特別支援学級の教育課程の編成に関する研究を進めている。横浜市では、2009年に特別支援教育を推進するための基本指針において自閉症教育の推進を喫緊の課題としたうえで、2011年度から自閉症教育推進のための具体的な施策を進めている。

3. アジェンダ（問題点と今後の課題）

自閉症の特性のある児童生徒の急増に加え、それぞれの学校や学級に多様な実態のある自閉症児が混在することによる教育現場の混乱が強まっている。自閉症児への指導や配慮の方法は、この10年間でかなり明らかにされてきた。しかし、自閉症の特性と知的発達に応じた適切な学校や学級の用意と就学支援、必要な教育課程の編成、教育環境や連携した支援体制の整備は大きな課題となっている。自閉症は、情緒障害や知的障害とはまったく異なる障害であることを理解し、情緒障害教育や知的障害教育の延長ではなく、自閉症の特性に応じた教育的対応を確立していくことが自閉症児の毎日の学習や生活の充実に不可欠となる。

（渡部 匡隆）

文献

太田俊己（2007）：自閉症教育実践の動向を見る．特別支援教育研究，598，2-5．

特別支援教育＆支援ニーズ

53. 重度・重複障害児の教育

1. トピック（解説）

　「重度・重複障害」について明確に定義づけた文書はない。一般的には、「特殊教育の改善に関する調査研究会（会長：辻村泰男）」の報告（1975年3月）に依拠して説明されることが多い。この報告によれば、次のような状態像にある児童生徒を「重度・重複障害児」と捉えている。①「障害の状況」において「学校教育法施行令に規定する盲・聾・知的障害・肢体不自由・病弱の各障害等を」2以上併せ有する者の他に、②発達的側面から見て、「精神発達の遅れが著しく、ほとんど言語を持たず、自他の意思の交換及び環境への適応が著しく困難であって、日常生活において常時介護を必要とする程度」の者、③行動的側面から見て、「破壊的行動、多動傾向、異常な習慣、自傷行為、自閉性、その他の問題行動が著しく、常時介護を必要とする程度」の者。

　整理すると、この報告では、「重度・重複障害」を、単に障害を2つ以上有しているだけでなく、身辺自立、言語、運動、社会性等の「発達の状況」、そして自傷・他害、多動、破壊的行動等のいわゆる「問題行動」とされる「行動の状況」の2つの側面を含めて総合的に捉えようとしている。つまり、重度・重複障害児とは、盲・聾・知的障害・肢体不自由・病弱の障害が2以上重なっている重複障害児と、発達的側面や行動的側面から見て、障害の程度がきわめて重い重度障害児の両者を含む幅広い概念として把握する必要がある。

　重複障害児のなかでも、重度の知的障害と重度の肢体不自由を重複して有する障害児は「重症心身障害児」（略して、重症児）と呼ばれている。1979年の養護学校義務制実施以降、重度化、重複化が進むなかで、このタイプの重度・重複障害児が最も多い。近年では、肢体不自由特別支援学校を中心に、濃厚な医療的ケアを必要とする「超重症児」も増加傾向にある。

2. エフォート（取り組み／実践）

　重度・重複障害児の教育の基盤は、コミュニケーションの形成にある。発達の初期段階にある重度・重複障害児は他者に何かを伝えようとする明確な意図を、おそらくもっていない。これは定型発達の乳児と同様である。表現らしいものが見られたとしても、それは身体の状態変化による情動の〈表出〉に過ぎないだろう。しかし、心ある教師はそれを意味づけ、自分に向けられた〈表現〉として受け止め、対応していく。このように、受け手

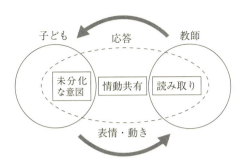

図1　初期コミュニケーションの図式
——気持ちや意図を共有すること

となる教師によってかろうじて維持されているのが、発達初期の状態にある重度・重複障害児のコミュニケーションの特徴である。重度・重複障害児の行動の意味は子どもとかかわり手とのやりとりのなかで確定されていく。このことは、さらに状態が悪化し、ほぼ植物状態にある子どもとのかかわりにおいても同様である。意識が不鮮明で「反応がなく」「目もあわない」子どもに語りかける自分の行為に教師はしだいに苦しくなる。周囲の人から見れば、1人芝居にしか見えないかもしれない。しかし、本当に苦しいのは意図が伝わらない子ども自身である。悩みながらも日々子どもとかかわっていくと、わずかな変化をそれと気づくようになる。そこに、その子らしい〈表現〉を読み取れるようになる。こうした変化は、「この子はわかっている」「何かを伝えようとしている」という教師の思いによってのみ、もたらされるものである。

3. アジェンダ（問題点と今後の課題）

　複数の障害を併せ有することによってもたらされる困難は、それぞれの障害を加算したものとはまったく異なるといっても過言ではない。各種障害特性に配慮した取り組みに終わることなく、その子の発達と障害、そして生活に目を向け、教材・教具の工夫はもちろんのこと、個に応じた働きかけと省察をくり返す往還的取り組みが大切である。

　また、医療的ケアを必要とする子どもたちにおいては、まずもって生命と健康の維持に最大限の注意を払う必要がある。近年では、痰の吸引や経管栄養、人工呼吸器の管理などの医療的ケアが必要な児童生徒が増加してきており、子どもたちの生命維持にかかわる医学的管理が学校現場では大きな課題となっている。

（細渕　富夫）

文献

高谷清（2011）：重い障害を生きるということ．岩波書店．

特別支援教育＆支援ニーズ

54. 発達障害児の読み書きの指導

> 1. トピック（解説）

　書き言葉を理解し活用する能力は、視覚言語を介して情報を取得・伝達するうえで必要な能力である。読み書き能力の発達を促すことは、学校教育の大きな目標の1つである。視覚言語は、音声言語と比べて歴史が浅く、その獲得には教育が関与してきた。発達障害児に限らず、多くの子どもたちはその獲得に何らかの困難を示し、また成人であっても困難を感じることがある。読み書き能力の発達と教育のあり方を明らかにすることは、社会にとって重要な課題である。

　読み書き能力は、数多くの言語的／非言語的認知機能が関与する複合的な能力である。読みは、文字の視覚認知に始まり、単語、文法、そして読解に至る一連の作業である。以上は連続体であるが、文字を音に変換する過程と語彙理解・文章読解にかかわる過程の2つに大別することができる。両者では指導のあり方が大きく異なる。書きもまた、書字から作文に至るまでのプロセスの連続体であり、書字と作文では指導のあり方が異なる。書字には、音を文字に変換する等の中枢過程と運動出力に関連する末梢過程に分けられる。作文については、実行機能やメタ認知が強く関与している。

　読み書き困難の原因については、音韻処理障害仮説、急速聴覚処理障害・時間的処理障害仮説、二重障害仮説（音韻処理と処理速度の障害）、大細胞系障害仮説、小脳障害・自動化障害仮説などの理論がある。多数の理論があるということは、原因が不明であるというより、多要因が関与していると考えるべきである。指導の視点から見ると、原因に関する情報は重要であるが、それだけでは足りない。指導では、4つの認知枠に配慮する必要がある。4つの認知枠とは、①読み書きの基盤となっている認知系、②その他の関連する認知系（ワーキングメモリなど）、③実行制御系（実行機能、メタ認知など）、④価値評価系（自己評価、自己有能感、内発的動機づけなど）である。実際の指導では、これら認知枠に加えて、その子どもを取り巻く環境要因について把握する必要がある。

> 2. エフォート（取り組み／実践）

　指導に際し、子どもの読み書き困難の状態と認知特性を把握することが重要である。状態把握では、読みについては、構音、語彙量、文字・単語・文章の読みの流暢性、勝手読み、字飛ばし・行飛ばし、助詞や接続詞等の理解、比喩表現の理解、内容理解（読解）

表1　読み書きの指導法

読み書き：文字・単語レベル
- 音韻意識を促進する指導（音節・モーラ抽出、文字配列、動作化、しりとり）
- 視覚性語彙（sight word）を促す指導
- 視覚イメージ（イラスト・写真）の活用
- 一画ならびに文字の運動イメージの形成（なぞり、書字模倣、空書）
- 漢字部首の理解促進（分解と合成、漢字九九）

読み：文章読解
- 視覚イメージの活用、既有知識の増進
- 文章内容の表象化（描画、概念地図）
- 説明予期、自己説明、相互教授（協働学習）

書き：作文
- 表現したい内容の構成化（概念地図、グラフィックオーガナイザー、アウトライン化、5W1Hの意識化）

間接的指導
- 視覚スキル、視覚－運動協応スキルの改善（点つなぎ、線たどり、視覚構成課題、ビジョントレーニング）
- 補助具の導入（リーディングスリット、色フィルム、電子図書やICTの活用）

などを評価する。書きについては、聴写、視写、字形の誤り（鏡映文字や異配置）、書き順、文章における文字サイズの均一性や配列、機能語の使用、作文における文章量・構成・論理性などを評価する。全般的な認知能力については、WISC-IVやKABC-IIなど標準化検査を活用する。その子どもの認知特性を考慮しながら、子どもが示す状態像に対応した指導方法を採用することになる。これまでの実践研究において、文字・単語レベルについては、音韻意識を促す指導（語頭音抽出、動作化など）、視覚性語彙を促す指導、視覚イメージを活用した連合学習、漢字の部首理解の促進などの有効性が報告されている。文章レベルにおいては、視覚イメージの活用、既有知識の促進と活用、文章内容の表象化・構成化（概念地図など）、口頭作文などが試みられている。また、読み書きの直接的な指導以外に、視覚スキル・視覚－運動協応スキル（ビジョントレーニングなど）などの非言語的指導と、補助具（リーディングスリット、ICTの活用など）の導入を考慮することも必要な視点となる。

3. アジェンダ（問題点と今後の課題）

日本語は、文字と音の対応関係が比較的明瞭な仮名文字と不明瞭な漢字からなる。仮名文字には平仮名と片仮名がある。漢字には通常の音訓知識では読めない当て字が多数存在する。さらに日常的に目にする表記としてアルファベットがあり、小学校からローマ字と英語の学習が行われている。日本ではこのように複数の表記系が混在するため、読み書き困難の原因も表現型も多様であり、それぞれに対応した評価と指導・支援法の開発が課題となる。

（惠羅　修吉）

文献

特異的発達障害の臨床診断と治療指針作成に関する研究チーム（2010）：特異的発達障害　診断と治療のための実践ガイドライン．診断と治療社．

特別支援教育&支援ニーズ

55. 発達障害児と障害理解教育

1. トピック（解説）

　障害理解教育は障害を理解するために行われる授業実践であり、教育課程上の位置づけは、総合の学習の時間、道徳、国語、社会など学校・学級によって異なる。2008年の小学校及び中学校学習指導要領では、「障害のある幼児児童生徒との交流及び共同学習の機会を設けること」が明記され、障害の表面的な理解にとどまらない発達段階に応じた「科学的な障害理解教育」の確立が課題である。2007年の学校教育法改正以降、特別支援学級の設置校や通級による指導を受ける児童生徒が増加している現状をふまえ、冨永（2011）が指摘するように「単に知識の教育にとどまらず、ともに学校生活を送る仲間として育ち合うという重要な課題があり、学校づくりや学級づくりと関連して取り組む必要がある」。今枝・金森（2014）の調査によれば、小・中学校（計202校）で実施されている障害理解教育の内容は、「在籍児童生徒の説明」（53.5%）、「障害シュミレーション体験」（51.5%）、「交流及び共同学習」（44.1%）、「障害者講演」（23.8%）、「読書教材」（22.3%）であった。近年では、障害理解教育を行う時間として道徳教育の可能性が注目されている。2013年2月には教育再生実行会議において道徳教育の教科化が提言され、中央教育審議会の諮問を経て、従来の道徳は「特別の教科」として小学校・特別支援学校小学部は2018年4月1日から、中学校・特別支援学校中学部は翌年から実施すべく学校教育法施行規則の改正が行われることとなった。2015年度から2017年度は学習指導要領の告示案によって実践が進められるが、残念ながら道徳の学習指導要領案には「障害」の文字はない。しかし、たとえば「主として集団や社会とのかかわりに関すること」の領域では、差別・偏見をなくして公正・公平な態度で接すること、「主として生命や自然、崇高なものとのかかわりに関すること」の領域では生命の大切さを扱うなど、障害理解教育として取り組める内容が含まれている。また障害者基本法に定められた毎年12月3〜9日までの障害者週間を活用して、集中的に障害理解教育の授業を行っている学校もある。

2. エフォート（取り組み／実践）

　障害理解教育の実践は、道徳の副読本を含め、当事者の視点から描かれた絵本や読書教材が活用されている。たとえば、右手に指がない女の子が主人公の「さっちゃんのまほうのて」（1985、偕成社）、小学校低学年でも理解しやすい"発達と障害を考える本"（ミ

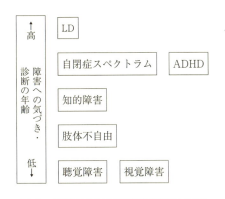

図1 年齢に応じた障害理解のめやす

ネルヴァ書房）のシリーズ、"体が不自由な人への理解が深まる絵本シリーズ"（あかね書房）などがあげられる。また実際に障害のある人を招いた講演、社会福祉協議会から車いすを借用して校内探検、特別支援学級・学校の児童生徒との交流など、さまざまな形で展開されている。しかし、一方で自閉症スペクトラムや知的障害、ADHDやLDといった障害は、授業研究の蓄積が少ない。一方で授業内容をきっかけに「○○ちゃんは障害があるのでは」「自分は〜障害では」という情報事故を防ぐことも留意すべきである。図1に示すように、早期発見しやすい障害ほど小学校低学年から取り上げやすいが、脳機能の説明を伴う発達障害は高学年以降に適しているといえる。しかし自閉症や知的障害の子どもの保護者の積極的な協力があれば、その子どもの得意（好き）なこと・苦手なことを中心に紹介し、同じ学級・学校の仲間としての理解を深められるだろう。どのような障害であっても、その状態には個人差が大きいこと、ゆっくりでも成長すること、誰でも得意なことと苦手なことがあることは、障害児者の理解にとって不可欠な観点である。

3. アジェンダ（問題点と今後の課題）

障害理解教育の実践は、「障害」を人間や社会の多様性と関連づけられているか、当事者の視点に立てるか（「自分の家族にいたら」「自分の学級やチームにいたら」「自分だったら」）どうかによって、その質は大きく異なってくる。たとえば体育の授業では「障害のある人が楽しく安全に一緒にプレーするには、どのようなルール変更・配慮が可能か」を話し合うこともできるだろう。小学校低・中・高学年の児童、中学校・高等学校の生徒に合わせたカリキュラムの系統性をどう確保するか、障害理解授業の単元構成や授業のねらい（目的）をどのように設定するのか、以下に示す文献も参考にしてみよう。

（千賀 愛）

文献

今枝史雄・金森裕治（2014）：通常の小・中学校における障害理解教育の実態に関する研究（第Ⅲ報）——実施内容別に行った教員の意識の調査を通して．大阪教育大学紀要 第Ⅳ部門, 62(2), 51-60.
真城知己（2003）：「障害理解教育」の授業を考える．文理閣.
冨永光昭（編）（2011）：小学校・中学校・高等学校における新しい障害理解教育の創造．福村出版.

56. 発達障害と特別支援教育支援員の活用

1. トピック（解説）

　特別支援教育支援員（以下、支援員）の活用は、特別支援教育制度を充実させるための方策として全国で活用されている取り組みである。それ以前も、介助員や学習支援員等、各都道府県等で独自に対応されてきたが、発達障害のある児童生徒への対応やインクルーシブ教育の広がりに対する通常学校における障害のある児童生徒への支援充実のために、2007年度より文部科学省による地方財政措置がとられることとなった。同年には、「『特別支援教育支援員』を活用するために」が作成され、活用方法や研修のあり方、活用事例等が示されている。具体的な支援員の役割は表1に示した。各校への派遣は、各教育委員会に支援員を必要とする理由や人数、予算等について具体的な計画を出したうえで行われる。したがって、どのような人を何人採用するのかは、各自治体に委ねられている。採用においては、教員免許状の有無や特別支援教育についての知識・指導経験等が想定されるが、地方都市等では人材確保が困難な場合もあることから資格等への要求は高くなく、地域住民を登用していることもある。そこで、先の冊子でも研修内容として「業務内容」「特別支援教育」「障害の理解」「具体的な対応」等を例示し研修の重要性を唱えている。

　支援員は、2007年には小中学校に対して約2万3000人配置し、2009年度からは幼稚園へ、2011年度には高校にも広げ（幼稚園4460人、小中学校3万6512人、高校367人）（文部科学省、2011）、年々その数は増加している。また、1人の支援員が、1校のみを担当する場合もあれば、週に複数校巡回している場合等、活用についても各教育委員会で工夫をこらしている。

2. エフォート（取り組み／実践）

　支援員の活用の実際は、各自治体によって異なる。そこで、2010年の全国実態調査の結果（道城他、2014）をもとに概要を紹介する。全国819か所の市町村の回答の結果、約9割の自治体が支援員を配置しており、配置数は、自治体の規模と比例していた。1日6時間勤務、時給制を取っていることが多かった。また教員免許状所有を求めている自治体は4割程度で、多くが面接により採用していた。研修を行っていたのは約半数の自治体にとどまっていた。

　実践については、通常学級に支援員が入り込み、発達障害のある児童生徒を中心に学習

56. 発達障害と特別支援教育支援員の活用

表1　特別支援教育支援員の具体的な役割

①基本的生活習慣確立のための日常生活上の介助
- 自分で食べることが難しい児童生徒の食事の介助をする。
- 衣服の着脱の介助を行う。

②発達障害の児童生徒に対する学習支援
- 教室を飛び出していく児童生徒に対して安全確保や居場所の確保を行う。
- 読み取りに困難を示す児童生徒に対して黒板の読み上げを行う。

③学習活動、教室間移動等における介助
- 車いすの児童生徒が学習の場所を移動する際に、必要に応じて車いすを押す。
- 教員の指導補助として、制作、調理、自由遊びなどの補助を行う。

④児童生徒の健康・安全確保関係
- 視覚障害のある児童生徒の場合、体育の授業や図工、家庭科の実技を伴う場面で介助に入り、安全面の確保を行う。
- 他者への攻撃や自傷などの危険な行動防止等の安全に配慮する。

⑤運動会（体育大会）、学習発表会、修学旅行等の学校行事における介助
- 修学旅行や宿泊訓練の時、慣れていない場所での移動や乗り物への乗降を介助する。

⑥周囲の児童生徒の障害理解促進
- 支援を必要とする児童生徒に対する、友達としてできる支援や適切な接し方を、担任と協力しながら周囲の児童生徒に伝える。
- 支援を必要とする児童生徒の得意なことや苦手なこと、理解しにくい行動をとってしまう理由などを、周囲の児童生徒が理解しやすいように伝える。

文部科学省（2007）より抜粋

支援を行ったり、特別支援学級に入って学習や生活面での補助をしたりしている。また、特別支援学級の児童生徒の交流学習について行き、通常学級で支援を行う等もされている。他にも、支援員が特別支援教育関連の教材をつくり、それを校内で活用している例や、教室から飛び出した児童を追いかけ落ち着くまでそばにいたりする等、対応事例はさまざまである。なお、支援員は、あくまでも担任の補助として入ることが基本とされ、1人の児童への張り付きよりも学級全体に入り、担任と連携していくことが重要とされる（文部科学省、2007）。

3. アジェンダ（問題点と今後の課題）

支援員は、各校で活用され児童生徒、教員ともに助かっている面があるが、資格を問わないことから、特別支援教育の知識等をもたないまま登用された結果、適切に支援できていないケースもある。また、研修についても、時間帯や回数の問題等により、日々の疑問が容易に解決できない状況があり、適切な支援の提供と質の向上のためにも研修体制を整備する必要がある。さらに、教員との密な連携や、児童生徒への休み時間の支援等となると、現在の勤務形態では実施困難な面もあり、柔軟に活用できる体制も求められる。

（片岡 美華）

文献

道城裕貴・高橋靖子・村中智彦・加藤哲文（2014）特別支援教育支援員の活用に関する全国実態調査. LD研究, 22（2）, 197-204.

文部科学省（2007）:「特別支援教育支援員」を活用するために.

文部科学省（2011）: 特別支援教育の在り方に関する特別委員会配付資料8 特別支援教育支援員について.

特別支援教育&支援ニーズ

57. 発達障害者と高等教育機関での支援

> 1. トピック（解説）

　発達障害児は初等中等教育においては学校教育法に定められた特別支援教育によって多様な教育的支援を受ける体制が整えられてきた一方で、高等教育機関における発達障害者の支援については「発達障害者支援法」における『大学及び高等専門学校は、発達障害者の障害の程度に応じ、適切な教育上の配慮をするものとする』（第8条第2項）の記載を起点として、現在急ピッチでその支援が進められている。このような法の成立を受け日本国内では社会的啓発は進んできたものの、高等教育機関での支援の実際は欧米諸国に比べてまだ遅れているといわざるをえない状況である。

　このような状況のなか、近年、障害者の権利擁護に向けた取り組みは国際的に一層進展している。2006年、障害者の権利に関する条約（以下「権利条約」）が国連において採択され、日本では、2007年に権利条約に署名し、国内法整備の取り組みを進め、2011年には障害者基本法の改正、2013年6月に「障害を理由とする差別の解消の推進に関する法律」が制定された。このような障害者施策に係る国内法の整備・成果をふまえ、日本は2014年1月に権利条約を批准した。

　以上の一連の障害者施策の動向と並行する形で、発達障害者への合理的配慮という視点からも高等教育機関の支援の体制づくりが進められてきている。たとえば、大学入試センターの受験特別措置においては、特別措置対象の障害種として2011年より初めて発達障害が明記され、発達障害のある受験生を対象にチェック回答（マークシート塗りつぶしではなく、✓の記号を記入する回答方法）・試験時間の延長・別室の設定などの特別な措置が認められている。2016年より高等教育機関での障害学生への合理的配慮は法的義務となることから、現在各高等教育機関では修学にあたっての対応要領の作成が急がれているところである。

> 2. エフォート（取り組み／実践）

　日本学生支援機構の調査（2014年度の結果）によると、高等教育機関では、障害学生（身体障害者手帳、精神障害者保健福祉手帳及び療育手帳を有している学生または健康診断等において障害があることが明らかになった学生をいう）の在籍学校数は833校（前年度811校）で、全学校数に対する割合は70.3%（同68.2%）、また、障害学生数は1万

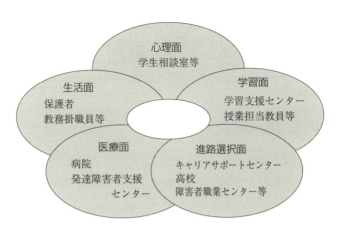

図1　高等教育機関における発達障害者の支援体制

4127人（前年度1万3449人）で全学生数に対する割合は0.44％（同0.42％）と増加の傾向にある。これらの障害学生を障害種別に見ると、病弱・虚弱が3037人（21.5％）で一番多く、発達障害は2722人（19.8％）と2番目に多い障害種となっている。さらに診断書はないが配慮学生数を障害特性別に見てみると、ADHDやLD（200人程度）に対して自閉スペクトラム症の特性のある学生の多さ（1500人程度）が目立つ結果となっている。

発達障害のある学生への支援部署は、「学生相談室」「障害学生支援室」「コミュニケーションサポート・ルーム」など、合理的配慮実施のための支援窓口は各学内に整備されつつある。発達障害学生の支援範囲は心理面・学習面・医療面・生活面・進路選択面と広く多岐にわたるため、その支援内容に対応して、授業担当教員や教務掛を中心とする職員、保護者、病院や発達障害者支援センターなどの学外専門機関、学習支援センター、キャリアサポートセンター等との連携が求められる。

3. アジェンダ（問題点と今後の課題）

発達障害の障害特性は可視化できず、発達障害のある学生自身も自分が困っている状況にあることに無自覚であることも少なくない。一方、学生が自身のニーズを表明したとしても、発達障害のある学生とかかわる教職員にはニーズのある学生であることがわかりにくいことから、障害特性に応じた支援を行うこと自体への不公平感や高等教育でそこまで支援を行う必要はないといった考えにつながり、合理的配慮内容の合意形成に至らない現状も存在している。したがって、学生の自己理解を促すとともにニーズを見出し、支援につなげるためのアセスメントや周囲への啓発は喫緊の課題である。

（田中 真理）

特別支援教育＆支援ニーズ

58. 発達障害と学校適応スキル教育

1. トピック（解説）

　学校適応スキルとは、学校生活に必要な話す、聞く、応答する、理解する、などのあらゆる個人活動を支える基本スキルと、その基本スキルを発展・応用して集団による学習活動などへの参加を支える集団参加スキルの両者を集約したものである。発達障害児は、学習面、生活面、対人関係面、行動情緒面などの側面で特別な支援ニーズが生じやすい。障害に起因する行動特性などから適応行動につまずきが出現し、さらに学校という複雑な生活環境のなかで不適応状態（不登校、無気力、暴力など）に発展することがあり、その具体的な対応・方策が求められる。そこでは、「発達を促す支援」「特別な支援ニーズの軽減」の両面からのアセスメントが必要となる。発達を促す支援は、現在の獲得・到達レベルよりもさらに上に積み上げていくものであり、特別な支援ニーズの軽減は、現在見られるさまざまな行動上の問題や不適応症状を減らしていく志向性といえる。学校生活で積み上げていく必要のある適応スキルには、「認知スキル」「運動スキル」「生活スキル」「言語スキル」「対人関係（社会性）スキル」「行動制御スキル」の6つがあげられる。一方、減らしていくべき不適応の実態は、「学習困難」「意欲の低さ」「身体・運動の不充分さ」「集中力の低さ」「固執」「過敏さ」「話し言葉の未熟さ」「興味関心の偏り」「多動性・衝動性」「心気的な訴え」などがあげられる。加えて、学校生活の場面には、個人活動（1人で学習活動を遂行する場面）と集団参加（集団に参加して活動する場面）の2場面があり、この場面の違いに着眼して、うまくやれているかという評価とその支援が求められる。実際の支援を展開する際は、こうした発達の凸凹に対して、「一時的〜長期的」「限定的〜全般的」といった時間軸と、範囲から見たサポートのレベルを特定したうえで教育支援にあたる。教師や支援者は、こうした適応スキルと特別な支援ニーズの両側面の把握をプロフィール化してアセスメントし、その結果から支援目標を立案し、同時にサポートのレベルを特定する。そのうえで、獲得を目標としたスキルを直接的に教育していく、また適応を妨げる特別な支援ニーズがある場合は環境調整や活動への配慮を行いながら間接的に支援していくことが学校適応スキル教育である。

2. エフォート（取り組み／実践）

　学校生活のなかで、緊急性・優先性の観点や将来どのように成長してほしいかという生

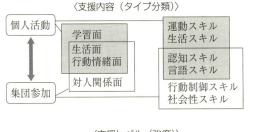

図1 支援内容と支援レベル

涯発達の視点に立って個別の指導計画を立案しながら実践する。さまざまな適応スキルを獲得するための指導・支援方法として、個々に応じて教師や支援者が考案していることが多いが、専門的指導法・心理療法として援用されているものとして、認知カウンセリング、ソーシャルスキルトレーニング、アサーショントレーニング、応用行動分析アプローチ、グループエンカウンターなどがある。特別な支援ニーズを軽減するための指導・支援方法でも、環境設定や配慮などが個々に応じて導入されており、同時に集団ソーシャルスキル教育、認知行動療法、応用行動分析アプローチ、TEACCHプログラム、薬物療法なども実践されている。

3. アジェンダ（問題点と今後の課題）

さまざまな側面を網羅した学校適応スキルを測定するアセスメントツールは、現在の日本では限られている。学校教育において、特別な支援が必要な児童生徒に対しては個別の指導計画の作成が求められているが、知能検査・発達検査などのアセスメント結果の活用は進んできたものの、適応スキルの評価と専門的な指導・支援法を盛り込むことがまだ不充分である。また、対象児の特性（年齢や障害など）や目標とされるスキル・行動によって、個別指導（配慮）と集団指導（配慮）のどちらの指導形態が適切かという判断も求められる。対象児に直接かかわる担任教師や支援者だけでなく、学校は校内委員会を活用して全教職員の共通理解や連携をもとに、全校をあげて集団で取り組む適応スキル教育と個々のニーズに応じた個別指導の適応スキル教育の両輪で実践されることが効果をあげるものと考える。

(熊谷 亮・橋本 創一)

文献

橋本創一・熊谷亮・大伴潔・林安紀子・菅野敦 (2014)：特別支援教育・教育相談・障害者支援のために ASIST 学校適応スキルプロフィール——適応スキル・支援ニーズのアセスメントと支援目標の立案. 福村出版.

特別支援教育&支援ニーズ

59. 発達障害と自己理解・自己肯定感

1. トピック（解説）

　自己理解とは、自分自身に対して抱いているイメージである。自己理解は、幼児期から児童期、青年期にかけて発達的な変化をとげる。具体的には、自分の名前や年齢といった身体・所属などにかかわる内容から、行動面、さらには性格などの内面世界にかかわる内容へと理解が深まる。そして、子どもの自己理解は、他者とのかかわりによって変化をする。つまり、自己理解の発達にはその子どもにとっての「重要な他者」（例：親、教師、友だち）との関係性が影響を与える。また自己理解は、現在の自分に対するイメージだけでなく、過去の自分、未来の自分といったように時間的にも拡大をする。そして、思春期・青年期になると「理想自己」といったように、なりたい自分や逆になりたくない自分をイメージするようにもなる。青年期には、進路決定場面等で「理想自己」と「現実自己」とのギャップに悩むことも多い。このように、自己理解は幼児期から青年期にかけて他者とのかかわりに影響を受けながら深化し、時間的にも拡大をとげながら、多面的になっていく。

　一方、自己肯定感は、自尊感情とも類似した概念であり、自分に対する肯定的な感情である。したがって、自己肯定感は自分の良さについて自己理解できることと関係するが、乳幼児期の親からの愛情が基盤となり育っていくものである。つまり、子どもが自己肯定感を抱くためには親などの「重要な他者」から深い愛情や肯定的な評価を受けることが大切になる。児童期になると、子どもは徐々に他者との比較を通して自己肯定感を高めたり、あるいは低めたりするようになる。自己肯定感を育むためには、他者との比較だけでなく、過去の自分と比較をし、自分自身の成長を実感できるよう支援することが大切となる。失敗経験や厳しい評価を受けることが多い発達障害の子どもにとって、自己肯定感は二次症状の予防において非常に重要である。発達障害の子どもが自己成長感を実感でき、自己肯定感の低下を予防する支援が求められる。

2. エフォート（取り組み／実践）

　自己理解については、近年特別支援学校においてキャリア教育が展開されるなかで、その重要性が認識されてきている。小島（2014）は、特別支援学校におけるキャリア教育のなかで、豊かな自己理解を育む支援について、図1に示したように、3段階に分けている。段階1、2については小学生段階から取り組める内容である。また、青年期においては時

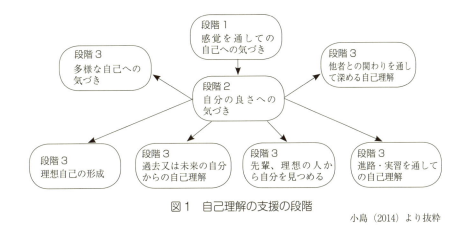

図1 自己理解の支援の段階

小島（2014）より抜粋

間的に拡大し、多面的に自己を捉えられるように支援しつつ、進路支援へとつなげるべきである。自己肯定感については、親など「重要な他者」からの深い愛情が大切である。学校生活では、達成経験やほめることは、もちろんであるが、教師や友だちなどから認められる経験を大切にしたい。学級のなかで、その子どもが友だちからも認められ、活躍できるような機会を確保していくこと、さらには意図的に子どもたち同士が認め合い、ほめ合うような活動を展開することが自己肯定感をはぐくむことにつながる。また、発達障害の子どもが友だちから「ありがとう」と感謝され、自分自身の価値を高めるような経験ができるように支援すべきである。

3. アジェンダ（問題点と今後の課題）

発達障害者の自己理解については、進路決定場面などで理想自己と現実自己のギャップに苦しむ姿に遭遇することも多い。こうした自己理解から生じる困難さに対する効果的な支援のあり方については、まだ十分に解明されておらず、今後さらなる検討が必要である。また、自己肯定感の支援についても、支援アイディアについて報告されつつあるものの、自己肯定感が低下した事例に対する効果的な支援のあり方については十分に明らかにされておらず、今後さらなる検討が必要になろう。自己理解も自己肯定感も他者との関係によって変化するものである。したがって、効果的な支援の実現に向けては、他者のかかわりのあり方を見つめることが、効果的な支援へとつながる第一歩となろう。

（小島 道生）

文献

小島道生（2014）：第3章 発達障害・知的障害のある児童生徒の自己理解の発達と支援. 別府哲（監修）小島道生・片岡美華（編著）発達障害・知的障害のある児童生徒の豊かな自己理解を育むキャリア教育——内面世界を大切にした授業プログラム45. ジアース教育新社.

特別支援教育＆支援ニーズ

60. 発達障害と不登校

1. トピック（解説）

　出生数の漸減を背景に幼稚園、小学校、中学校の在籍児童生徒数は過去最低を更新している。そのなかで、不登校を示す児童生徒数の割合は不登校として集計が開始された1991年から10年間は増加傾向にあり、とくに中学校においては1.04％から2.81％に達した。以降10年間はほぼ横ばいとなっているが、平成26年度学校基本調査（文部科学省、2014）では小・中学校の不登校はおおよそ12万人（1.17％）に達している。

　不登校はかつて「学校嫌い」「登校拒否」などと呼ばれていたが、この状態については心の問題や家族関係の問題といった、個人の適応障害という視点から考察されることが多かった。文部科学省は1992年3月の報告で「登校拒否（不登校）」の表記を用い、年間30日以上欠席した児童生徒のうち、病気や経済的な理由を除き、「何らかの心理的、情緒的、身体的、あるいは社会的要因・背景により、登校しないあるいはしたくともできない状況にある者」と定義した。そして、「登校拒否はどの児童生徒にも起こりうる」という見方が示され、通級指導教室の設置やスクールカウンセラーの配置などの教育的政策が打ち出された。しかし、これらの支援策の実績は示されているものの、先に示した数値からも明らかなように、不登校は減ることなく、依然、国や教育の重要な問題として位置づけられる。

　自閉症スペクトラム、学習（局限性学習）障害、注意欠陥（欠如）・多動性障害などの子どもたちは、それぞれ固有の症状や状態像を示しながらも、コミュニケーション能力、対人関係調整力、自己制御力、学習能力といった学校生活で必要とされる能力・スキルのすべてあるいは一部が不十分であることが共通している。不登校が発達障害の二次障害として取り上げられる所以である。2003年の「今後の不登校への対応の在り方について（報告）」のなかで、文部科学省は学習障害、注意欠陥多動性障害と不登校との関連を視野に入れる必要性を初めて明記した。

　発達障害と不登校の関連についての疫学的調査はないが、不登校全体における発達障害の割合、あるいは発達障害の子どもにおける不登校の割合を調べた研究はいずれも、発達障害の子どもは、そうでない子どもと比較すると、高率であることを示している。しかし、不登校は非常に多様で、種々の背景要因が考えられる状態像であるため、発達障害が不登校を引き起こすという因果関係は仮定できない。

2. エフォート（取り組み／実践）

　発達障害あるいはそれが疑われる子どもが不登校を呈した場合、どのような支援が必要となるのか、それは発達障害のない子どもに対する支援とは異なるのだろうか。

　表1に示した文部科学省による不登校の子どもへの基本的な支援の5つの視点はいずれも、発達障害児への支援においてはさらに重要性を増すものといえる。5項目の下には発達障害児にとって殊に重要と考えられる点を追記した。

　他方、発達障害児、あるいはそれが疑われる児童生徒の不登校への支援について、先行研究と実際の学校での取り組みを丁寧に分析した研究では、支援の方針として、障害特性・発達段階の理解、自己肯定感の育成、心理的安定を図るかかわり、早期対応の4つがあげられた。障害特性の理解は不登校支援おいても不可欠の事柄である。

表1　不登校に対する基本的な支援

> ① 不登校解決の目標は児童生徒の将来の社会的自立にある
> 　　学習支援、生活習慣、社会的行動の獲得を要支援
> ② 不登校を見きわめ、適切な連携ネットワークにて支援する
> 　　不登校を入口とした未診断例ではとくに、評価・判断をするためのネットワークづくり、学校種を超えた連携が必要
> ③ すべての児童生徒が安心して通える学校教育を展開する
> 　　たとえば個別の指導計画、合理的配慮などを一層充実させる
> ④ 適切に働きかけ、かかわりをもつ
> 　　「待つ」のみではなく、枠づくりと適切な働きかけが必要
> ⑤ 保護者と家族がその役割が果たせるよう、働きかける
> 　　保護者の理解を求めるより、保護者を理解することから始める

文部科学省初等中等教育局（2003）より抜粋・改変

3. アジェンダ（問題点と今後の課題）

　文部科学省は2015年に入り「不登校に関する調査研究協力者会議」を発足させた。2003年3月の報告「不登校への対応について」以来のことである。今回の委員会では貧困問題や発達障害との関連や対策についても、さらに検討が深められることになる。

（篁　倫子）

文献

愛知県総合教育センター（2013）：不登校・不登校傾向の児童生徒に対する教育支援の在り方に関する研究——発達障害が考えられる児童生徒への支援を中心に．愛知総合教育センター研究紀要，103，1-15.
文部科学省（2014）：平成26年度学校基本調査．
文部科学省初等中等教育局（2003）：不登校への対応の在り方について．

特別支援教育&支援ニーズ

61. 発達障害と非行

1. トピック（解説）

　非行とは、少年法では20歳未満の青少年による犯罪行為、触法行為及び虞犯の総称として扱われるが、一般的には違法行為や、違法ではなくとも反社会的とみなされる青少年の行為のことを指す。発達障害児と非行の関連が注目され始めたのは、2000年以降のいくつかの少年事件で、加害少年が発達障害を有していると鑑定されることが断続的に見られたためである（2000年の豊川市主婦殺人事件、2003年の長崎市園児殺人事件など）。こうした事件の裁判において、精神鑑定により少年らの背景に「広汎性発達障害」「アスペルガー障害」などの発達障害があったという結果が公表され、「発達障害」等の言葉が1人歩きし、発達障害が非行・犯罪を引き起こす原因であるかのようなイメージが流布してしまった。しかしながら、実際に発達障害と非行との直接的な関連性が示唆されるような研究データはほとんどない。たとえば東京家庭裁判所による2004年の疫学調査（藤川、2010）では、862の非行事例のうち広汎性発達障害（疑いも含む）の事例は24例（2.8%）、ADHDは49例（5.7%）、知的障害は19例（2.2%）であり、これは一般的な発達障害の有病率と比べていくぶん高い。一方で、これらの事例の多くは未診断状態であり、事件発生まで周囲から適切な支援を受けていなかったことに留意しなければならない。すなわち発達障害が非行や触法行為の直接的な原因であるというよりも、発達障害が何らかの形で周囲の環境への適応を困難にし、その反応として触法行為が起こるというパターンがほとんどである。具体的には、発達障害のさまざまな特性（他者とのコミュニケーションの困難、多動性や衝動性、不注意など）が周囲とのトラブルや孤立状態を生み、その状態が重積することで劣等感の形成や自尊心の低下がもたらされる。そうした心理的状態の不適応反応として（いわば抑うつや引きこもりなどが生じるのと同じメカニズムで）非行や犯罪に至るものといえよう。これには発達障害特有の敏感さやストレッサーへの脆弱性、あるいは思春期以降の発達障害特性への自覚化による心理的混乱が遠因になっていることが少なくない。DSM-5では発達障害の併存障害として反抗挑発症（ODD）や素行症（CD）などがあげられており、本人の状態によってはこれらの追加診断がなされることになる。

2. エフォート（取り組み／実践）

　基本的には発達障害児が豊かな人格形成をはぐくむことができるように積極的に支援し

表1　反抗挑発症と素行症の概要

> 〈反抗挑発症／反抗挑戦性障害（Oppositional Defiant Disorder）〉
> 　怒りに基づいた不服従、反抗、挑戦的行動の持続的様式と表現される児童期の障害。自分にとって有益なことであっても激しく反対したり、周囲に対して異常なまでの挑発的かつ反抗的な態度・行動を当然のようにしてしまう。
>
> 〈素行症／素行障害（Conduct Disorder）〉
> 　反復して持続的な、反社会的、攻撃的、また反抗的な行動パターンを特徴とし、年齢相応の社会規範や規則を大きく逸脱している状態。非行が深刻でない、臨床的に著しい機能の障害を引き起こしていないものは該当しない。

ていくことが重要である。周囲とのかかわりを適切なものへと調節し、社会との円滑なつながりを確保していくことで、非行へとつながることを予防していくことが重要である。一方、発達障害が示すさまざまな特性が事件の内容に影響を及ぼすことがある。たとえば自閉スペクトラム症の場合、異性の身体に強い関心をもって不適切に接近してしまい事件化されることがある。したがってソーシャルスキルトレーニングやソーシャルストーリーなどにより対人的能力の向上を図るなど、障害特性をふまえた予防的な指導も重要である。

何らかの事案によって司法領域の対象となった場合、少年司法の領域では綿密なアセスメントがなされ、教育現場に戻す場合は特別支援教育へとつなぎ、社会生活を送らせる場合は発達障害者支援センターの利用を勧めるなど、居住地域との連携が重要視されている。

3. アジェンダ（問題点と今後の課題）

現在、司法関係の領域で課題となっているのは、発達障害を有する青少年の事案では、本人が心情的な側面の変化を言語化できない、罪障感に乏しく自説の展開に終始するなど、その障害特性がゆえに反省的な態度が明確になりにくいことが多いことである。結果的に、措置や判決結果が通常よりも厳しいものになる可能性が指摘されている。また一般社会における発達障害についての理解啓発をより進めていくことや、発達障害と非行の関連性について多角的な検討を行っていくことが必要である。

（菊池　哲平）

文献

藤川洋子（2010）：発達障害と少年非行．金剛出版．

特別支援教育＆支援ニーズ

62. 発達障害と教師の専門性・養成

1. トピック（解説）

　特別支援教育制度では、特別支援教育コーディネーターをはじめ、校内委員会の設置、通常学級における特別支援教育の大幅な拡大などが新たに制度化された。個々の教員には直接指導で必要な指導力に加えて、指導計画の作成能力や連携チームにおける的確な役割の遂行能力なども求められるようになった。こうした制度に対応するように教育職員免許法による教員養成の枠組みも修正された。以前の制度と大きく異なる特徴は、特別支援教育における免許状が対象に応じて視覚障害、聴覚障害、知的障害、肢体不自由、病弱の5領域で認定されるとともに、障害種別に内容要件の枠組みが設定されるようになったことである。各大学では、これらの1～5領域に対応するように必要な教育課程を編成している。教員免許状取得に必要な単位数は、一種免許状の場合には26単位であるが各障害種にかかわる心理、生理、病理に関する科目、及び教育課程ならびに指導法にかかわる科目群は最低16単位が必要とされ、各障害種別の内容を中心に学習させるようになっていることがわかる。一方、教育理念や制度、歴史といった特別支援教育の基礎理論に関する科目は2単位のみの取得でよいこととなった。多くの大学では、ここに特別支援教育に関する概論科目を設定しているが、シラバスを俯瞰してみると理念や制度の本質にほとんどふれていない大学も少なくない。特別支援教育にかかわる教員免許状の取得が可能な大学は新しい免許制度となってから一貫して増加しており（通学制の一種免許状認可課程は2013年度で131大学）、また各都道府県が実施する「認定講習」でも毎年多くの現職教員が特別支援教育に関する教員免許状を取得し、2013年5月現在の統計では、特別支援学校教員の76％（当該校種以外含む）が特別支援学校教員の免許状を保有している（特別支援学級教員は31％）。自立活動における高い専門性を担保する資格として自立活動教諭の免許状（視覚障害教育、聴覚障害教育、肢体不自由教育、言語障害教育）もある。

2 エフォート（取り組み／実践）

　特別支援教育に携わる教員に対し、専門性の幅と深さがより一層求められるようになるなかで、教員免許状に加えて関連する資格を取得する教員も増えてきた。財団法人が認定する資格として臨床心理士や特別支援教育士等があるほか、臨床発達心理士や臨床動作士のように学会が独自に認定している資格もある。医療的ケアに関しては2012年より介

護保険法等の一部改正によって登録研修機関での研修を受けることにより喀痰吸引や経管栄養の一部を教員が実施することが認められるようになった。教員の専門性向上と担保のために法律や諸資格によって位置づけられるものは説明責任を果たすうえで有効ではあるものの、資格名称や特別な技法の名称はないが実践において高度な能力が求められる専門性領域が圧倒的に多い。たとえば、重症児に対する「観察力」は教師が五感を研ぎ澄まして子どもからの発信を読み取ることに代表されるが、これが的確にできるようになるためには十分な経験とセンスが不可欠である。また、知的障害児に対する「見守り支援」でも、対象児との物理的・心理的距離の取り方などに繊細かつ絶妙な対応をしなければ決して成功しない。こうした能力を高めるためには自身の実践に関するたゆまぬ振り返りと仮説検証のくり返しが不可欠であり、それを他の教員と共有し研修を重ねることで初めて涵養されていくものでもある。特別な名称が付されていない専門性に特別支援教育に携わる教員に求められる本質的な要素が内包されていることを失念してはならない。授業研究会や各種研修機会は、公式に行われているものばかりでなく、自主的に取り組まれているものが多く、教員の専門性向上への高い意識が表れているといえるが、取り扱われる研修内容が一部の表面的な「専門性」に矮小化されないようにしなくてはならない。

3. アジェンダ（問題点と今後の課題）

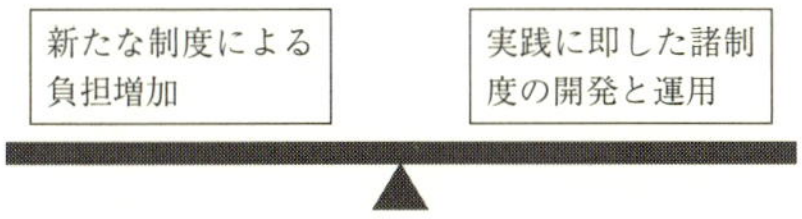

図1 バランスのとれた実質化を
（新たな制度による負担増加／実践に即した諸制度の開発と運用）

教員の養成と専門性向上にかかわる課題の多くは、教育職員免許法の枠組みやさまざまな研修機会で設定される内容が、方法や形式、書式といった側面に偏っていることと、それらの一様一律な実施が求められる構造で進められていることに帰着させて説明することができる。一例をあげれば、現在の個別の指導計画では、子どもの多角的で複雑なニーズを集約することは難しい。なぜならば、子どものニーズの本体は、複数の課題要素が同時に多様な関係構造を有しながら形成されており、教員はそれを部分と全体を同時並行に把握し総合して指導内容・方法を微妙に変化させているのに、多くの個別の指導計画の様式は、それらを独立した項目に分離して記載するようになっているうえ、各学校や地域で情報共有等の名目が優先される結果、一律の書式として提供されるため、教員の実践上の思考様式に即していないからである。実践の質の向上のための制度がむしろ教育実践の妨げになっている構造を改めないと、求められる専門性の質・量が拡大する一方で、普段の授業準備さえままならないほどに会議や書類作成に追われる制度に陥ってしまう。制度設計及び実践の双方の次元において検討と解決方策のための議論が喫緊に求められている。

（真城 知己）

第4部

専門的支援法＆リハビリテーション

専門的支援法＆リハビリテーション

63. 発達障害児の応用行動分析学によるアプローチ

1. トピック（解説）

　応用行動分析学は、心理学の一領域であり、「人間の幸福と福祉の増進に貢献すること」を目的として、スキナー（Skinner, B. F.）による行動の科学的原則に基づいた実験的行動分析学を基礎とする応用領域である。行動の科学的原則は、「強化の原理」として知られている。ある行動が自発されるのは、その状況において、その行動が何らかの強化を受けていることを示す。そこで、人間の行動を環境との相互作用の一状態として分析し（先行刺激―行動―後続刺激）、それに基づいて環境を改善し（先行刺激と後続刺激の改善）、正の強化の原理を適用して望ましい行動を教授する。同時に、そうした支援方法を支援者が実行できるようにするためのシステムを構築する。

　このような支援に直結した分析の枠組みをもとに、発達障害の領域においては、障害に起因する困難さを軽減し、望ましい行動を拡大するための支援方法が開発されている。たとえば、自閉症スペクトラム障害に対しては、機能的なコミュニケーションを向上させるために、日常場面における自然な強化機会を最大化する機会利用型指導法や絵カードを渡し、要求対象物をもらうPECS（Picture Exchange Communication System）があげられる。注意欠陥・多動性障害に対しては、注意の持続や課題従事を伸ばすために、ルールを明示して、課題に取り組みやすくし、その遂行を強化するトークン・エコノミーがあげられる。学習障害に対しては、読みの困難さを改善するために、音声刺激と視覚刺激の系列を弁別刺激とし、それらに対応する個別反応を行動連鎖として確立し、流暢性を高め、反応に即時的な強化を行う指導法があげられる。さらに、行動問題に対しては、機能分析に基づいて環境整備と望ましい行動の教授を包括的に行うPBS（Positive Behavior Support）のスクールワイドなシステムがあげられる。

2. エフォート（取り組み／実践）

　スクールワイドPBSは、発達障害を含み、すべての生徒を対象とした学業や社会性の促進をめざして、望ましい行動を促進する学校環境を構築し、さまざまな行動問題を予防する支援システムである。これは、RTI（Response to Intervention）モデルであり、三層の支援からなる。①第一次予防：すべての生徒を対象として、期待される行動を提示し、それを強化する支援を行う。たとえば、求められるルールをクラス全員に明示し、そ

の遂行にトークン・エコノミーを適用する。②第二次予防:第一次予防に反応しない生徒グループに対して、課題従事や社会的スキルの支援を行う。たとえば、授業中におしゃべりをする生徒に、目標を記したカードを使い、教師が登校と下校時にがんばりを評価するチェックイン・チェックアウトがあげられる。③第三次予防:深刻な行動問題を示している生徒に対して、機能的アセスメントに基づいて個別的支援を行う。たとえば、授業中の離席の分析から、教師の注意が強化として働いている（注目の獲得）ことがわかれば、教師はいちいち注意することを止め、できる課題を提示し、少しでも取り組んだときにがんばりを認める対応に変えることで、課題従事を促し、離席を減少できる。

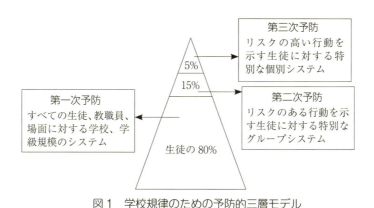

図1　学校規律のための予防的三層モデル
Horner et al.（2005）

3. アジェンダ（問題点と今後の課題）

　応用行動分析学の強みは、支援者が行動の科学的原則と分析の枠組みを学ぶことによって、日常的な行動観察から、子どもの強さを活かした支援方針を得られるところにある。しかしながら、研究成果の活用が制度的に位置づけられている海外とは異なり、わが国の支援体制は不十分である。とくに学校におけるRTIモデルには、行動面の困難に早期に気づくためのスクリーニングやデータに基づいた意思決定、評価等のマネジメントプログラムを開発する必要がある。さらにはこうした取り組みを支えるコンサルテーションについても検討していく必要がある。

（平澤 紀子）

文献

Horner, R. H., Sugai, G., Todd, A. W., et al.（2005）: Schoolwide positive behavior support. In Bambara, L. M., Kern, L.（eds.）, Individualized supports for students with problem behaviors: Designing positive behavior plans. New York, Guilford Press, pp. 359-390.

山本淳一・澁谷尚樹（2009）:エビデンスにもとづいた発達障害支援——応用行動分析学の貢献. 行動分析学研究, 23(1), 46-70.

専門的支援法＆リハビリテーション

64. 発達障害児のTEACCHプログラム

1. トピック（解説）

　TEACCH（Treatment and Education for Autistic and related Communication handicapped Children）は、1964年ノースカロライナ大学のショプラー（Schopler, E.）教授のプロジェクトに始まり、1971年に州予算によって確立した療育プログラムである。1989年、児童精神科医の佐々木正美氏（現・川崎医療福祉大学特任教授）を中心とするグループの尽力によりTEACCHスタッフが来日し、最初のトレーニングセミナーが開催された。現在も、研究・臨床機関だけでなく、学校や障害児者の施設現場で幅広く応用され、親にも受け入れられ、研究会も活発に実施されている。提唱者であるショプラー教授の業績は、当時、自閉症が親の愛情欠如に起因する心因論が主流であったのに対して、知覚受容に関する実証研究に基づき、自閉症が中枢神経系の器質的障害である現在の基盤をつくったことであろう。自閉症の原因を追求する医学モデルや精神分析理論に基づくアプローチに加えて、「何をどうすれば子どもが変容するのか」の具体的な療育方法を提示し、その効果検証を主軸とする方法論へと転換させた。わが国におけるTEACCHの普及とその成功は、自閉症者への療育や実践の代表例である応用行動分析、エビデンスやアセスメントに基づく実践の広がりに相互に影響している。プログラムの基本理念や特徴として、A. 自閉症が中枢神経系の器質的（機能的）障害に基づく認知・コミュニケーション障害であることの理解と受容、B. 周囲の人や環境を改善し、自閉症者の適応機能の向上や改善を図る、C. 親を協働療育者（co-therapist）として専門家との協力関係を築く、D. 構造化された環境に基づく個別プログラム、E. 小児自閉症評定尺度（Chid Autism Rating Scale：CARS）や自閉症・発達障害児教育診断検査（Psychoeducational Profile：PEP）による客観的な評定、F. 居住サービスや就労支援を含めた成人期までの生涯にわたる一貫した支援があげられる（佐々木、1993）。

2. エフォート（取り組み／実践）

　構造化のアイディアは、個に応じた、自閉症の特性に応じた指導を背景に、特別支援学校や支援学級の授業場面で多く導入されている。学習指導の中心となる手だてとして、物理的構造化、明確なスケジュールの掲示、ワークシステムがある（佐々木、1993）。物理的構造化とは、室内を家具の配置やついたてで仕切り（パーティション）、カーペットや

64. 発達障害児の TEACCH プログラム

表1　TEACCH プログラムの基本理念と特徴

A. 自閉症が中枢神経系の器質的（機能的）障害に基づく認知・コミュニケーション障害であることの理解と受容
B. 周囲の人や環境を改善し、自閉症者の適応機能の向上や改善を図る
C. 親を協働療育者として専門家との協力関係を築く
D. 構造化された環境に基づく個別プログラム
E. CARS や PEP による客観的な評定
F. 居住サービスや就労支援を含めた成人期までの生涯にわたる一貫した支援

その色を活用したりして、活動場所（エリア、コーナー）と課題をマッチングし、「どこでどの課題に取り組めばよいのか」をわかりやすくする手だてである。これにより、課題に取り組むワークエリアと遊びや休息のプレイエリアが設定される。スケジュールの掲示やワークシステムでは、自閉症者が自立して課題に取り組めるように、「どんな順番で、どのぐらいの時間・タイムスケジュール、どこで何の課題に取り組み、どうすれば終わるか」について、絵や写真カード、文字などの視覚手がかりを活用した仕組みが実施される。順序では、「上から下へ」「左から右へ」の手がかりとなりやすいルールが適用される。「見てわかる・すぐわかる・安心して取り組める」構造化は、知的障害者にとっても有効で、選択的注意に困難を示す発達障害者にも応用できる。構造化による学習環境の整備は、個々の多様なニーズや学習スタイルを認め、学習参加を徹底して保障する「合理的配慮」の具現化にも通じる。

3. アジェンダ（問題点と今後の課題）

構造化された環境は、TEACCH に限らず、1970 年代より自閉症児の個別指導で議論されてきた（片倉、1979）。不要な刺激を除去した指導環境では、課題のねらいや提示は明確で、対象児は課題への注意を向けやすく、学習は早期に確立する。一方で、高度に構造化された指導室場面は日常場面との隔たりが大きく、学習成果の般化が課題となる。学校場面への応用では、般化促進や波及効果を想定した課題内容や手続きが必要であろう。学校では集団参加や集団適応の向上が重視され、学校全体での取り組みは難しい面もある。個別プログラムやパーティションでは、クラスの仲間との協同学習やソーシャルスキルを育てる機会が制限されない工夫、そのための指導者研修が求められる。

(村中 智彦)

文献

片倉暁子（1979）：自閉症児の個別指導法——プログラムと教材．東京学芸大学特殊教育研究施設報告, 25, 1-69.
佐々木正美（1993）：自閉症療育ハンドブック——TEACCH プログラムに学ぶ．学研．

専門的支援法＆リハビリテーション

65. 発達障害児の認知行動療法

1. トピック（解説）

　認知行動療法（以下、Cognitive Behavioral Therapy: CBT）とは、クライエントの抱える心理社会的な問題に、主に認知と行動の両面からアプローチする心理療法である。CBTでは、問題が生じたことを問題とせず、問題が改善されずに維持・悪化したことを問題と捉える。その人の活動性を上げながら苦痛を緩和する方向で進め、問題や生活状態の改善に力を入れる。生活状態が改善されることによって、次に何が変化しやすいかを考え、段階的により本質的な問題にアプローチできるような道筋をつくっていく。実際には、セルフモニタリングや心理教育等を活用しながら、クライエントの悪循環について、クライエント自身が自己理解を深め、問題を客観的に見ることができるように支援していく。

　子どもに対するCBTでは、子どもが自身の問題を正確に理解し、その問題に対処するスキルを身につけ、自分自身の力で乗り越える力を増大させることをねらいとしている。とくに発達障害児に対するCBTでは、支援当初に行動的技法を多用し、その結果、行動の変容と同時に、認知の再体制化（歪んだ認知を行動療法の手法を用いて、適切な認知や陽性感情をもたらすこと）をねらった支援があげられる。たとえば、自閉スペクトラム症の障害特性であるこだわりの強さや、知覚の偏りに起因して引き起こされる周囲への過敏さと認知の歪みは、周囲との意識や行動のズレを大きくさせるものである。そこで、個々の特性に応じたCBTの実施により適切な社会的スキルの獲得過程で新たな認知のスタイルを確立し、そのズレを認識することで主体性が回復し、生活上の困難は軽減されると考えられている。このように、発達障害児に対するCBTを活用したアプローチでは、彼／彼女らの自助援助の達成につながることが示唆されている。

2. エフォート（取り組み／実践）

　CBTを活用した発達障害児への支援では、自己理解や障害理解をベースにした特性に関する確認作業と、直面している困難の関係性の説明、及びそれに基づく社会的スキルの獲得をねらいとした実践を行うことが効果的である。具体的には、①発達障害児自身の困難さと支援内容の明確化によって、自己の課題改善・軽減に向けた支援に臨む意志決定を促す。②特性に応じた課題量の調整、視覚情報の活用（数値・図式等）、モデルを提示することで、課題の焦点化及び問題の外在化を促す。③ワークシートを用いて課題の改善・

軽減方法を整理し、こだわり等の特性（弱み）の解消ではなく、強みとして新たな振る舞いの獲得を促す。最終的には、「行動スタイル」の変化の過程に「認知スタイル」の変化が促され、自助援助の達成をめざす。

3. アジェンダ（問題点と今後の課題）

子どもにCBTを活用した支援では、行動的技法の効果は得られやすい。しかし、認知的技法は認知発達に左右されるため、確実に効果を生むには工夫が必要である。また、セルフモニタリングやプランニングに困難さを示す発達障害児は、支援を行ううえで継続性や客観性が保たれにくい。そこで、特性によって生じる困難さを、周囲の大人（保護者や教師等）が機能的にサポートする役割を担うことが望まれる。また、本人自身が特性や困難さを自覚していない場合は、支援が停滞する可能性が示唆される。さらに、思春期になると自己否定感を強めることによって、不登校・非行・抑うつ等の二次障害につながる危険性をはらんでいる。

そこで、発達障害児とカウンセラー及び周囲の大人がチームとなって協働を図り、彼／彼女らの課題や症状への対処にあたることが求められる。とくにカウンセラーは、生徒と環境を理解し通訳する「つなぎ役」として機能することが、支援の一翼となろう。

（三浦 巧也）

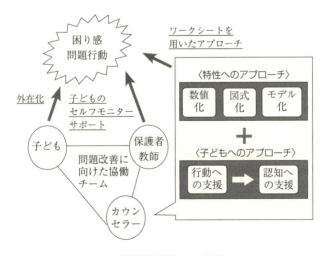

図1　発達障害児へのCBT

文献

深谷和子・新井邦二郎・沢崎達夫・諸富祥彦・大数見仁（編）(2010)：子どもの認知行動療法入門，児童心理，64(18).

専門的支援法＆リハビリテーション

66. 発達障害児のSST ソーシャルスキルトレーニング

1. トピック（解説）

　ソーシャルスキルとは、「社会のなかで適切に行動したり、他者に適切にかかわったりするために必要とされる知識や技能」と捉えることができる。このソーシャルスキルを獲得するために行われるのがソーシャルスキルトレーニング（SST）である。ソーシャルスキルは一般的には、親、友人、社会とのかかわりのなかで、教えてもらったり、真似したり、さらには試行錯誤しながら自然に身につけていくものである。しかし、発達障害児においては、このソーシャルスキルの獲得や使用において困難さを示すことがある。たとえば、状況認識や他者感情・意図の捉えが苦手な人は、その場で求められている言動に気づかず適切に振る舞えないことがある。また、認知の歪みによって誤学習が生じ「こうすべき」という思いが強いと他者への配慮がないまま強引にかかわることになる。衝動性が強い人の場合には、何をすべきかの理解があっても後先のことを考えないまま衝動的に行動したり、衝動性ゆえに他者の言動において興味関心がある情報だけを取り入れ情報を取りこぼした結果、不適切な言動になったりする。また、不安や怒りが強くなり感情のコントロールに困難さを示す場合には、何をすべきかの理解があってもそれを行動に移すことが困難になる場合がある。ゆえにSSTによって社会のなかで適切に人とかかわる知識や技能を獲得する必要がある。

2. エフォート（取り組み／実践）

　SSTを実施していくには、対象児者のソーシャルスキルの獲得状況、発達段階や認知特性、障害特性をアセスメントし、目標を設定していくことが必要である。SSTで扱われるソーシャルスキルはさまざまだが、対人関係や会話スキルだけでなく問題解決や感情理解と処理といったスキルも扱う場合がある（表1）。

　SSTは学習原理に基づいて以下の技法を、必要に応じて組み合わせながら実施することが多い。(1) 教示：獲得すべきソーシャルスキルを説明したり、直接、教えたりする。自閉症児者に対しては、「ソーシャルストーリー」（キャロル・グレイ、2010）などによって、暗黙のルール、行うべきことの理由、具体的な手順を文書や手順表にして教えることがある。(2) モデリング：適切なソーシャルスキルを見本として示しスキル獲得を促したり、適切でない見本を示し行動の抑制につなげたりする。その際、単に見本を示すだけで

表1　SSTで扱われるソーシャルスキルの例

社会的ルール・マナーの理解、集団参加、対人関係スキル
　社会・集団ルールの理解、ルール・時間を守る、順番を守る、協力する、役割を遂行する、助ける、お礼を述べる、敬意を表す、ねぎらう

会話・コミュニケーションスキル
　他者の話を聞く、自分の意見を言う、説明する、質問等に応じる、会話を開始・維持・終わらせる、挨拶する、自己紹介する

問題解決スキル
　依頼する、誘う、断る、交渉する、質問する、報告する、相談する、助けを求める、謝る、選ぶ、決める、計画立案・実行する、折り合いをつける

自他の感情理解と対処
　自己理解（好き嫌い、得意不得意を知る）、他者の感情理解、共感性（他者との感情の共有）、自己の感情表現、適切な気持ちの切り替え、ストレス対処

なく、そこでのポイントを言語化して伝えることも有効である。(3) リハーサル：ソーシャルスキルを獲得・定着させるために実際にくり返して練習をする。(4) 強化・フィードバック：適切なソーシャルスキルを用いることができた場合、基本的には即時に肯定的な評価をして強化する。また、適切にソーシャルスキルを用いたことに対して振り返りを行い、よい点、改善点などをフィードバックする。

　指導場面としては、医療機関や療育機関といった特定の臨床場面だけでなく、学校、家庭、地域の学童クラブなどといった生活する場面そのものでも指導が行われている。また指導スタイルとしては、小集団によるロールプレイやテーマのある活動、ゲームなどを通して学ぶスタイルをはじめとして、学校場面での集団では、ソーシャルスキルの効果を高めるためのエクササイズ的な活動が行われることもある。また、ソーシャルスキルが必要となる実際の場面において、その機会に応じて指導することもある。

3. アジェンダ（問題点と今後の課題）

　かねてよりSSTでは特定の場面で指導されたスキルを他の場面に般化させることが課題としてあげられている。SSTを実施する際のアセスメントとして対象児者のスキル獲得状況だけでなく、その発達段階や認知特性、障害特性をアセスメントしてソーシャルスキルを適切に使用できない要因を見定めたうえで、般化を想定した指導場面の構成も検討していくことが必要である。

（霜田　浩信）

文献

キャロル・グレイ (2010)：ソーシャルストーリー・ブック 入門・文例集〈改訂版〉. クリエイツかもがわ.
霜田浩信・渡邉貴裕・橋本創一 (2009)：実際のつまずきに向き合う・予防する子どものSSTプログラム──発達障害・コミュニケーションが苦手な子のためのソーシャルスキルアップトレーニング. ラピュータ.

専門的支援法&リハビリテーション

67. 発達障害児のストレスマネジメント

1. トピック（解説）

ストレス（stress）とは、「ある刺激による圧力」により「心身に歪みが生じた状態」のことを意味する。「ある刺激による圧力」をストレッサー（stressor）と呼び、たとえば、学校だと、友だち関係、先生との関係、学習上の負担などの心理的なストレッサーが多いと考えられる。また、その「心身の歪み」をストレス反応（stress response）といい、主に、感情的反応（例：「イライラ」「不安」「落ち込み」）と身体的反応（例：「不眠」「胃痛」「めまい」）に分けることができる。

同じストレス・イベント（stress event）を経験しても、そのイベントの意味は人によって異なってくる。たとえば、進学のような新しい環境に遭遇する際に、「わくわくする（ポジティブ）」と捉える人もいれば、「苦痛である（ネガティブ）」と捉える人もいる。このような人によって異なる捉え方・考え方を認知的評価といい、ストレスの受け止め方に大きく影響を与える。また、ストレス・イベントへの対処をコーピング（coping）と呼ぶ。コーピングには、主に「積極的に問題解決する（ストレス状況の改善に向けて努力する）」「認知的・情動的な評価を変更する（例：肯定的に考える、気分転換をする、考えないようにする）」「社会的な資源を活用する（例：他の人に相談する）」などがあげられる。

発達障害児における学校でのストレスについて、(1) 定型発達児童と比較して学業に対するストレスが高く、全般的なストレス反応も高いこと、また (2) ストレス軽減に向けて、ソーシャルサポートだけでなく、ソーシャルスキルや自己効力感が重要な役割を果たしている可能性が指摘されている（坂本、2007）。

ストレスマネジメント（stress management）では、このようなストレスの過程（図1）について、発達障害児本人が理解し、コーピングのレパートリーを拡大することをねらいに、ストレスとの上手なつきあい方を学習する。また、教員への相談等を通して環境の改

図1 ストレス過程の概念図

善をしたり、仲間からのサポートを得たりするような環境へのアプローチも含んでいる。

2. エフォート（取り組み／実践）

ストレスマネジメントとは個別的に取り組むことも可能であるが、クラス全体での授業を通して、数回の連続したプログラム形式での実践も可能である。プログラムの内容には、ストレッサーの理解（自分にとってストレッサーとなっているもの・ことの理解）、認知的評価の特徴の理解（自分にはどのような認知的評価の特徴があるかの理解）、感情的反応・身体的反応の理解（自分にはどのような反応が生じているかの理解）といった、自分自身のストレスに関する理解が取り入れられる。さらに、コーピングのバリエーションを増やすためのグループワークや呼吸法などのリラクゼーションなどの実体験も組み込まれる。また、ストレスフルな状況において生じる「怒り（anger）」や「不安（anxiety）」も同様な枠組みでマネジメントすることが可能である。

3. アジェンダ（問題点と今後の課題）

発達障害のある人に対して、とくに、思春期以降、青年・成人期におけるストレスマネジメントへの実践的な取り組みが求められる。その効果をより高めるためには、とくに、自閉症スペクトラム障害的な特性のある人へのストレスマネジメント上の留意点をさらに明らかにしていく必要がある。また、ストレスマネジメントは、それ単独で指導していくよりも、ソーシャルスキル、問題解決スキル等を含んだ包括的な指導・支援プログラムに位置づけられていくことが重要である。

（井澤 信三）

文献

坂本あすか（2007）：軽度発達障害児における学校ストレスとソーシャルサポートに関する研究. 白百合女子大学発達心理臨床センター紀要, 10, 61-69.

専門的支援法＆リハビリテーション

68. 発達障害児の言語コミュニケーション指導

1. トピック（解説）

　コミュニケーションとは、身振りや文字言語、音声言語などを用いた意思や感情、思考の発信や受信、情動的な共感や相互理解、議論、相手の行動の制御などを指す。コミュニケーションを成立させるには、伝達情報を表現する送信者と、情報を解読して理解する受信者が必要になる。つまり、意思や感情、情報の適切な発信行動だけでなく、受信者が送信者の発信した情報を的確に理解する点、送信者側が受信者の反応に対してうなずいたり、話の内容を膨らませたりするなど、送信者が受信者に対してさらなる確認や情報発信を行う点も大切なプロセスである。発達障害児の多くは、コミュニケーションに困難があるが、知的障害児とは異なり、意思疎通に必要な基本的な言語能力が身についていることが多い。具体的な困難の内容は、個々によって異なるが、言語の構成要素から次のように捉えることができる。まず、音声やそれらの結合を支配する規則の音韻論の観点から見ると、発音の誤り（発達性構音障害）や、発話が速く、いいよどみやいい直しの症状があるクラッタリングなどがあげられる。これらは音声（Speech）の障害として分類される。一方、単語の構成を支配する規則の形態論の観点から見ると、たとえば助数詞の誤りや助数詞に伴う数詞の読み誤り、動詞の活用形の誤りが認められることがある。また、文の構造を支配する規則の統語論の観点から見ると、全般的に平均発話長が短く、文の構造が単純になったり、語順が入れ替わったり、主語と述語の対応、主語と動詞の対応、不適切な助詞の使用などが認められたりする。言語表現とその言語表現が使用される文脈との関係を扱う語用論の観点から見ると、相手の反応を無視し一方的に話し続ける、話題の転換が著しい、同じ話のくり返し、婉曲的表現の理解困難などが認められる。形態論、統語論、語用論的側面の困難については、言語機能（Language）の障害として分類される。

2. エフォート（取り組み／実践）

　一口に発達障害児のコミュニケーション障害といってもその様相は千差万別であり、たとえば読み書きの困難、語用論的側面の課題、発音の誤りなど、1人の子どもが複数の領域にわたって困難を示すことも少なくない。指導者は、保護者や本人のニーズ、アセスメント結果をもとに、本人が社会的生活を送るにあたってとくにインパクトを与えている困難は何か、どこを重点的に指導していくかを保護者、本人、本人の生活にかかわる人たち

68. 発達障害児の言語コミュニケーション指導

表1 コミュニケーション指導内容の概要

音声の障害	言語機能の障害
音韻論的側面 ・発達性構音障害：構音指導 ・クラッタリング：自己モニタリングの促進、モデリング	**形態論・統語論的側面** ・多感覚アプローチ（視覚・聴覚・触覚・運動覚など）の利用 ・言語の表出面（話す、書く）、理解面（読む、聴く）の指導 ・文法的側面の指導
	語用論的側面 ・婉曲的表現・皮肉表現 ・顔の表情理解の指導 ・会話規則の指導 ・AACやICTの活用

と話し合いながら決める必要がある。音韻論的側面に課題のある子どもの指導については、発達性構音障害のある子どもには、音の聞き分け、位置づけ法などによる正音産出を促す指導をし、クラッタリングのある子どもには、発話を自己モニタリングさせたり、指導者がゆっくりと落ち着いた発話をモデルとして示したりする。形態論・統語論的側面に課題のある子どもについては、視覚・聴覚・触覚・運動覚など本人が学びやすい感覚を用いて言語の表出（話す、書く）、理解（読む、聴く）、文法的側面を指導する。ワーキングメモリーの弱い子どもには、漢字の書き順の誤りを指摘しないなどの配慮が必要な場合もある。語用論的側面に課題のある子どもについては、ソーシャルスキルトレーニングの一環として社会的コミュニケーションを学んだり、婉曲的表現・皮肉表現の理解や顔の表情理解の指導をしたり、会話の規則を学ばせたりする。AAC（拡大・代替コミュニケーション）やICTの活用も有効である。

3. アジェンダ（問題点と今後の課題）

発達障害児に対して適切なコミュニケーション指導を行うには、アセスメントを行い本人の能力と課題を明らかにし、PDCAサイクルによって指導効果を確認しながら、指導目標を達成させるために、継続的に指導計画や指導内容の改善を行うことは当然だが、大切なことは単なるスキル学習にとどめないことである。相手と通じ合いたいという意欲とスキルの両面の向上をめざしたコミュニケーション指導のあり方を模索する必要がある。

（川合 紀宗）

文献

大井学・大伴潔（編）(2011)：特別支援教育における言語・コミュニケーション・読み書きに困難がある子どもの理解と支援（シリーズきこえとことばの発達と支援）．学苑社．

専門的支援法&リハビリテーション

69. 発達障害児の視知覚機能訓練

1. トピック（解説）

　視知覚の障害とは、佐島（2014）によると「視覚障害、すなわち眼球や視路、大脳視覚野に起因する視機能の障害はないが、視覚を通して形態や空間を認識する能力の障害」と定義されている。一方、山下（1996）においては視知覚について「受容した情報（視覚情報）が何であるかを説明したり、解釈したりする機能」と述べており、「視覚認知」の意味を含んだ説明となっている。また、近年の特別支援教育において、とくに学習障害（LD）の分野を中心に、見る力の弱さに働きかけて発達を促す「ビジョントレーニング」（奥村、2014）が注目を集めている。以上をふまえ、本稿では発達障害における視覚の活用に関する支援について広い観点から捉えてみることとしたい。視覚の活用について発達的に考えた場合、重要なのは運動発達との関連である。人間の発達過程において、運動と感覚の相互作用（運動による外界への能動的な働きかけと、感覚による環境からの応答の受け取り）が認知発達において重要である。この相互作用を通じて運動動作が内面化され、それがだんだんと構造化されていって思考活動が成立するようになるからである（佐島、2014）。運動発達と視覚発達の相互作用について大まかに整理すると、生後から3か月頃までは初期感覚（触覚、固有受容覚、前庭覚など）の役割が非常に大きい。その後、運動発達とともに視覚発達が進み、5～6か月のリーチの出現を経て1歳近くになると視覚が運動を誘導するようになる。その後さらに詳細な視覚認知が可能となってくる。視覚の活用に困難が見られる人の場合、このような発達の過程において滞りがある段階が見られる傾向にある。どのような滞りにあるのかをふまえたうえで支援や働きかけについて考える必要がある（川間、2006）。

2. エフォート（取り組み／実践）

　視覚発達の支援を目的として行われている訓練の代表例を表1に示した。これらの訓練全体にわたって配慮すべき事項として、遊び活動や日常生活活動との関連を図ること、生活年齢などを考慮した活動や教材を用意すること、各項目の枠を越えて支援を計画し、実施することが指摘されている（山下、1996）。また、前述の「ビジョントレーニング」においては、（1）目から情報を取り込むための目の機能、（2）目から取り込んだ情報を理解する機能、（3）他の感覚機能や運動機能との連動などに着目し、弱さのある部分に働きか

けて発達を促すことを目的とした訓練が行われている（奥村、2014）。その具体的な内容は表1と重なるものが多い。このような訓練は本人の視覚の活用に働きかけるものであるが、その一方で、最も見やすい環境や教材の工夫をし、学習等への影響を軽減するという支援も必要である（佐島、2014）。

表1 訓練の代表例

項目	具体的な活動
眼球運動	固視、追視、操作（スキャニング）
目と手の協応	手などの位置の模倣、色塗り、貼ること、ひも通し、はさみの使用、点結びやなぞり
形態知覚	基本的な形の認識（マッチング、分類）、形の恒常性（類似性）、図－地、空間における位置（方向）、空間関係、複雑な形態の知覚
視覚記憶	いくつかのものの記憶と再生、空間の配置および時間系列に即した記憶と再生
視覚の概念化	知覚した2つ以上の視覚情報の関係づけ、知覚した視覚情報と学習した概念または概念同士の関係づけ

山下（1996）をもとに作成

3. アジェンダ（問題点と今後の課題）

　教育などの臨床分野において、視覚の活用に関する知識や支援が十分に普及しているとはいいがたい状況である。そのため、専門的知識の普及、人材育成、実践の蓄積等が求められる。また、国内では視知覚のアセスメントとしてフロスティッグ視知覚発達検査の日本語版が普及しているが、米国のオリジナル版（DTVP）は1993年に2版、2014年に3版が改訂され、下位検査の項目なども変わっている。このような状況をふまえると、国内で活用可能であり、より適切なアセスメントの検討も課題であろう。

（小林 巖）

文献

川間健之助（2006）：視覚認知の発達と支援．本郷一夫・長崎勤（編著）別冊発達28 特別支援教育における臨床発達心理学的アプローチ，10-22，ミネルヴァ書房．

奥村智人（2014）：「見る力」とは？ 特別支援教育に求められるビジョンケア．特別支援教育研究，685，7-11．

佐島毅（2014）：視覚発達支援と教育的な配慮等について．特別支援教育研究，685，2-6．

山下皓三（1996）：視知覚に関する学習活動．細村迪夫・山下皓三（編著）知覚学習活動ハンドブック，98-153，コレール社．

専門的支援法&リハビリテーション

70. 発達障害への脳科学的アプローチ

1. トピック（解説）

　脳科学において重要な研究テーマの1つは、脳の働きと心の働きとの関係を明らかにすることである。脳の働きと心の働きを関係づける研究領域の1つとして心理生理学（Psychophysiology）がある。心理生理学の研究法では参加者の心理的・行動的変数を操作し、その結果として心理的・行動的反応とともに生理的反応を測定する。たとえば、発達障害者の表情認知を調べるとき、さまざまな表情の顔刺激を参加者に提示する手続きが心理的・行動的変数の操作である。異なる表情を参加者が区別できる程度は心理的・行動的反応である。これに加えて表情弁別時の脳反応を記録すれば、操作の結果としての生理的反応を測定できる。生理的反応は2つの次元（空間と時間）から解析される。上記の例では、ある表情に対する脳反応が特定の脳部位（空間的次元）で、刺激提示から一定の時間後（時間的次元）に同定される。典型的研究法では、発達障害者における脳反応の程度、部位、出現時間が健常発達者の脳反応と比較される。

　脳反応の生理的指標としてここでは脳波（EEG）、脳磁波（MEG）、機能的磁気共鳴画像（fMRI）、近赤外分光計測（NIRS）を解説する。脳は神経細胞の集団から構成されているが、神経細胞の活動を頭皮上の電位変化として計測したものがEEGであり、電気活動が作る磁界を頭部外で計測したものがMEGである。したがってEEGとMEGはともに脳の神経活動を直接に表す指標である。一方、脳血流の変化を測定することにより神経活動を間接に表す指標がfMRIとNIRSである。脳構造を描出するMRI画像は、強磁場下の水素原子に発生させた磁気共鳴信号から得られる。脳活動に伴う血流増加は脱酸化ヘモグロビンを減少させ、その結果として磁気共鳴信号が上昇する。この脳活動に伴う磁気共鳴信号の上昇をfMRIは測っている。NIRSでも脳活動に伴う血流増加をヘモグロビンの変動によって測定するが、この場合、近赤外光の特定波長がヘモグロビンに吸収される現象を利用する。神経活動を直接に表す指標（EEGとMEG）の長所は時間的に細かく現象を調べられることである。その点において脳血流の変化を測定する指標（fMRIとNIRS）は劣るものの、空間的に脳活動部位を特定する精度はfMRIが他の指標より優れている。EEGとNIRSの長所は参加者に対する拘束がMEGとfMRIに比べ少なく、測定が比較的容易である点に見られる。

70. 発達障害への脳科学的アプローチ

2. エフォート（取り組み／実践）

　ミラーニューロン（mirror neuron）とは脳内の神経細胞の中で、個体自身が動作を行うときに活動するとともに、他個体の行う同じ動作を観察するときにも活動するものをいう（主な脳部位は下前頭回と下頭頂小葉）。この特性からミラーニューロンは模倣行動や動作理解の神経基盤と考えられる。他者理解の観点から、ミラーニューロンの異常を自閉症の原因とみなす学説が提唱されている。しかしハミルトン（Hamilton, A. F.）によれば、自閉症者を対象にした心理生理学研究においてミラーニューロンの異常を示す一貫した証拠は得られていない（Hamilton, 2013）。自閉症者における一貫した異常はミラーニューロンでなく、感情を含めた社会的知覚にかかわる脳部位（上側頭溝、扁桃体など）に見出される。

3. アジェンダ（問題点と今後の課題）

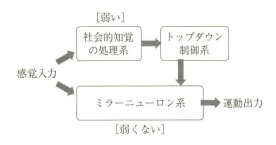

図1　自閉性障害における社会的認知機構

　ミラーニューロンと社会的知覚にかかわる脳部位との機能関係について、ハミルトン（Hamilton, A. F.）は図1のモデルを提案している。（Hamilton, 2013）刺激としての社会的手がかりは社会的知覚にかかわる脳部位で処理される。さらに情報は前頭葉に送られ、トップダウン的制御がミラーニューロン系に対してなされる。自閉症では典型発達に比べ社会的知覚の処理が弱く、ミラーニューロン系の処理は必ずしも弱くない。つまりミラーニューロン系のチャンネルで模倣を通した発達支援の有効性が期待され、実際に模倣能力の高い自閉症事例は早期支援による発達予後のよさを示している（Sallows & Graupner, 2005）。一方、社会的知覚のチャンネルで自閉症の核にある弱さをどこまで改善することが可能か明確にする必要がある。

（池田 一成）

文献

Hamilton, A. F. (2013): Reflecting on the mirror neuron system in autism. Developmental Cognitive Neuroscience, 3, 91-105.
宮内哲（2013）：脳を測る．心理学評論，56, 414-454.
Sallows, G. O. & Graupner, T. D. (2005): Intensive behavioral treatment for children with autism. American Journal on Mental Retardation, 110, 417-438.

専門的支援法＆リハビリテーション

71. 発達障害児と知能検査によるアセスメント

1. トピック（解説）

　現在の知能検査の原型は、20世紀初頭にビネー（Binet, A.）とシモン（Simon, Th.）が開発した検査に遡る。特別支援教育との関連でいえば、この検査の開発には、通常の教育にうまく適応できない生徒を特定するという目的があった。ビネーらの検査をもとにターマン（Terman, L. M.）が標準化したスタンフォード・ビネー法において、精神年齢（テストの成績を年齢尺度で示したもの）と生活年齢の比による知能指数（比率IQ）が採用された（なお、比率IQはシュテルン〔Stern, W.〕の提案による）。比率IQの意味は、発達のスピードとして捉えられると考えられてきた。しかし、現在の知能検査のほとんどは、ウェクスラー（Wechsler, D.）による知能検査で採用された偏差知能指数（偏差IQ）を採用している。偏差IQは、検査の素点を標準化したもので、これは同一年齢集団における受検者の成績の位置を示すものである。また標準化の利点の1つは、種々の検査の成績の個人内比較ができる点にある。複数の下位検査からなる知能検査の成績について一般的な傾向を統計的に探ると、下位検査の成績の間には通常、正の相関が見られる。このことから、知能についての現在の主な考え方として、さまざまなタイプの課題遂行に求められる共通因子として、一般知能の存在を仮定することが多い。またそのうえで、複数の下位検査が、成績の相関の高いサブ・グループに分類できることも知られている。このことから近年の知能検査の成績は、一般知能を反映すると考えられる総合的な1つの値で示され

表1　比率IQと偏差IQ

〈比率IQ〉
　　（精神年齢／生活年齢）×100で算出される。
　　知的発達の水準を、生活年齢を基準とする割合で示したものであり、知的発達のスピードを示す尺度と考えられている。日本では田中ビネー知能検査が子どものIQ算出にこの方式を残している。
〈偏差IQ〉
　　（X－平均得点）／標準偏差×a＋bで算出される。Xは受検者の得点、平均得点と標準偏差は同一年齢集団の平均得点と標準偏差。日本のWISCは、a=15、b=100、つまり平均IQが100、分布の標準偏差が15となるように標準化されている。全検査IQに加え、言語理解、知覚推理、ワーキングメモリ、処理速度の各指標得点も同様である。

るだけではなく、複数の領域ごとに、標準化された、相互に比較可能な値で示されることが多い。

さて、一般知能の存在が仮定されているものの、個々の受検者に目を向ければ、個人の能力にはある程度のばらつきが見られる。発達障害児では、より顕著にそういった傾向が見られる場合があるため、支援に際しては個々の認知特性（得意・不得意）を把握することが重視されている。現在の知能検査は、そういった要求に沿う形で洗練されてきている。

2. エフォート（取り組み／実践）

個別に知能検査を実施する場合、受検者は非日常的なストレスを経験するものである。複数の下位検査からなる知能検査を一通り終えるのに要する時間は決して短くない。受検者の認知特性を適切に把握するためには、落ち着いた和やかな雰囲気で検査に臨むことができるよう、関係づくり、環境づくり、休憩の取り方等に配慮する必要がある。そのうえで、検査は定められた手順に則って進める必要があるが、視覚障害、聴覚障害、運動障害等により困難な場合がある。通常の手続きに何らかの工夫を加えて検査を実施した場合、結果の解釈は、その工夫がもつ意味を十分に考慮して慎重に進められる必要がある。発達障害児では、認知発達に偏りが見られる場合がある。たとえば、ウェクスラーにより開発された、子どもを対象とする知能検査（WISC）では、総合的な全検査IQの他に、下位検査を言語理解、知覚推理、ワーキングメモリー、処理速度の4つの領域に分けて成績を示すことができる。領域間の成績の大きな差や、各領域に含まれる下位検査間の成績のばらつきは、受検者の認知発達の偏りを示している可能性があり、支援の手がかりとなる情報である。ただし、検査の成績だけで受検者の認知特性を十分に把握できるとは限らない。普段の生活での様子に関する聞き取りや検査時の様子、課題の解き方などの情報と合わせ、検査結果を合理的に説明することが求められる。

3. アジェンダ（問題点と今後の課題）

知能検査の開発には、認知や知能に関する科学的研究の最新の知見が注がれている。しかし認知や知能の全体的な仕組みや、構成要素である諸機能の関連性についての知識は、検査を利用する人にとってなじみのないものであることが多い。そもそも知能をどう捉えるかという問題は、認知科学者等にとっても議論の多い課題である。最新の知識を備え、わかりやすく検査結果を説明できる専門家の育成は大きな課題である。

（葉石 光一）

文献

Deary, I. J. (2001): Intelligence: A Very Short Introduction. 繁桝算男（訳）(2004)：知能. 岩波書店.

専門的支援法＆リハビリテーション

72. 発達障害と実行機能

1. トピック（解説）

　人は、環境に合わせて適応的に行動する動物である。実行機能（Executive Function: EF）とは、新しい状況にあわせて、目的を設定し、これを遂行するために計画を立案して、うまくいっているかかどうか評価（振り返り）を行う機能のことで、目的や計画の修正を伴う。脳のなかで実行機能を担っているのは前頭前野（前頭葉の連合皮質）であり、人に進化して飛躍的に大きくなった部位である。前頭前野は、背外側部、眼窩回、前部帯状回の3つの領域に分けられる。背外側部は、ワーキングメモリや認知の統合にとって重要な部位で、この領域が損傷すると視点の転換が困難となる。結果的に、特定の事項への固執が生じ、行動に柔軟性が失われる。眼窩回は、情動のコントロール、直感的な意志決定、報酬を伴った学習に不可欠な部位である。この場所が損傷すると、報酬つまりフィードバック信号が変わったときの再学習が難しくなるため、やはり行動の柔軟性が低下する。前部帯状回は、注意の能動的コントロールやフィードバック信号の評価にかかわっている。この部位の機能が低下すると、注意を焦点化することが難しくなり、振り返りによる学習もできなくなる。

　発達障害のなかでも、行動面での課題が大きい注意欠如／多動性障害（ADHD）や自閉症スペクトラム障害（ASD）では、実行機能がうまく働いていない。ADHDのある子どもは、目的的な行動が苦手で見通しをもちにくいことが多い。学校では、宿題を忘れる、準備物の整理ができていないことが指摘されがちである。自分がしたことを振り返って、経験から学んでいくことも苦手であり、ルールに沿った行動ができにくい。ASDの

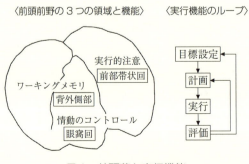

図1　前頭葉と実行機能

ある子どもでは、チャイムが鳴っても授業の準備をしないなど始発性がよくないことがある。こだわりは、行動に柔軟性がないことの裏返しでもある。興味の限局には、注意の切り換えや視点の転換が難しいこと、自分の振る舞いと報酬の関係が変化しにくいことが背景にある。予測不可能性は、彼らの不安を高める。

2. エフォート（取り組み／実践）

見通しの提示や環境の構造化が支援・配慮の基本となる。これは、前述したように合目的的行動が取りにくく、環境に合わせた柔軟な意志決定を苦手としているためである。しかし、過度な構造化によって、彼らの主体性が損なわれてしまわないよう注意を払う必要もある。

子どもの主体性や自律性を活かして支援を進めていくためには、学習への意欲を高める指導や授業づくりが不可欠となる。目標設定にあたっての難しさがあれば、いくつかの選択肢から選ばせる。対象児が興味・関心をもっている教材を用いて、能動的（実行的）注意力を高める。目標と計画の関係は、たとえばマインド・マッピングやツリー状に視覚的に示す。プランニングにあたっての配慮として、なるべくワーキングメモリに負荷をかけないよう、ワークシートを準備する。実際にやってみて、うまくできているかどうかも、わかりやすくフィードバックし、やり方や計画を見直す必要があるかどうか考えさせる。

最終的には達成感を経験し、自己効力感が高まることが期待される。内発的な動機づけの弱さをカバーするために、トークン（ごほうびシステム）を活用することも必要となる。

3. アジェンダ（問題点と今後の課題）

現在、通常学級では、いわゆる授業のユニバーサルデザインが関心を集め、どの子どもにもわかりやすい授業づくりが進められている。しかし、実行機能支援の観点では、必ずしも十分なものとなっていない。子どものニーズを見きわめて、主体的に学ぶ意欲が高まるよう、ダイナミックな授業展開をしていくことが肝要である。このためには、タブレット端末や電子黒板などICT機器の積極的活用を図るとともに、アクティブ・ラーニングの考えを導入した授業づくりや指導が今後求められるであろう。

〔宇野 宏幸〕

文献

宇野宏幸・井澤信三・小島道生（編著）（2010）：発達障害研究から考える通常学級の授業づくり——心理学、脳科学の視点による新しい教育実践．金子書房．

専門的支援法&リハビリテーション

73. 発達障害と神経心理学的評価

1. トピック（解説）

　神経心理学的評価は神経心理学を基盤にする。神経心理学は脳との関係から心（心理過程・現象）を解明し、障害のある場合にはそれを解析して支援（治療・教育）する分野である。発達障害（神経発達症群）が神経成熟の遅滞や神経回路形成の不全・偏向など神経発達上の問題を原因にする以上、脳機能から発達障害を理解する神経心理学的な視点は不可欠である。神経心理学は主に成人の脳損傷患者が示す心理機能の障害（神経心理学的症状／高次脳機能障害）の解明から発展してきた。高次脳機能とは、感覚や運動といった比較的低次の脳機能を除いた言語・認知・記憶・注意・感情・意欲・知能などをいう。脳損傷後には損傷部位に関連した障害（症状）が現れる。脳損傷部位の違いによってある機能は障害されるが他の機能は保たれる。これらの知見の蓄積から、心と脳への神経心理学的な視点は次にまとめられる。①心は多くの機能で構成される（心の構造）、②各機能には関連する脳領域がある（機能の中枢）、③各脳領域の間には連絡がある（中枢間の連絡）、④各脳領域の機能が協調して複雑な高次機能を創出する（機能系）。高次脳機能障害の説明には主に、①機能の側性（左右大脳半球の機能差：損傷で半球間相互抑制の解除）、②機能の局在性（半球内の機能分化：機能の喪失）、③機能中枢間の連絡（半球内・間や皮質―皮質下連絡による機能の協調：連絡路の離断症状や機能の解離）、④機能の階層性（上位機能の下位機能への統制：統制の低下による機能の解体）の考え方が利用される。

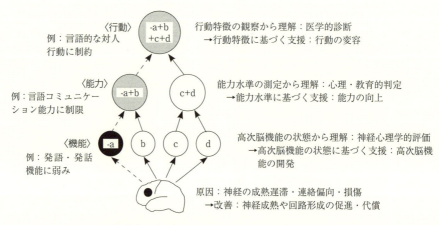

図1　発達障害の各理解レベルと理解に基づく支援

発達障害の神経心理学的評価には、成人の高次脳機能障害と合わせて、高次脳機能の発達的変化を理解した発達神経心理学の視点が必要になる。神経心理学的評価の役割は以前は脳損傷の有無や部位の推定にあったが、現在は高次脳機能のプロフィール分析と障害のプロセス分析、それらを根拠にした支援モデルの構築と実践、そして支援効果の確認にある。

2. エフォート（取り組み／実践）

神経心理学的評価の本質は、心の機能的な構造の解明にある。心を機能の違いから言語・認知・記憶・注意・遂行・行為・感情・意欲などの構成単位に分ける。さらに、言語を発話や理解、認知を視覚や聴覚の認知、視覚認知を形や顔や色の認知など、下位の構成単位に細分して評価する。各機能のプロフィールと機能障害のプロセスを分析する定性的な評価が基本になる。プロフィール分析では弱み（障害）と強み（健常）の機能を明確にする。プロセス分析では弱みの機能の本態を解明する。一連の処理過程のどこに問題があり、どんな処理の誤りが生起し、どのように障害が出現するかを分析する。これに基づいて支援モデルを構築し実践する。実際には、特定の機能に選択的に負荷をかける課題で評価する。臨機応変の簡便な臨床課題、特別に工夫した実験課題、標準化された汎用課題（例：知能検査）が利用される。対象者に応じてこれらを適宜に使い分けるテーラーメードの評価が重要になる。評価課題の実行には複数の機能が関連する。各課題の解決や誤りの共通点から、関連機能やその障害を抽出する。高次脳機能は能力や行動の基盤であり、その障害は日常に現れる困難さの原因である。高次脳機能のプロフィールや機能障害のプロセスが明らかになれば、弱みの機能の改善、強みの機能の開発、弱みと強みの機能を組み合せた能力の代償、弱みの機能を補う道具の工夫と利用など、さまざまな支援を実践できる。

3. アジェンダ（問題点と今後の課題）

発達障害の神経心理学的評価の実施は不十分である。現状では知能・発達検査による能力水準や行動観察からの理解が中心である。検査課題の解決能力や日常行動の基盤には高次脳機能がある。基盤への理解のない支援は対症療法になり、伸ばす視点を欠きやすい。高次脳機能の状態がわかれば、原因療法と伸ばすための支援を実施できる。今後の発達障害への支援の質の向上や合理的配慮には、神経心理学的評価に基づく理解は必須と考える。

（坂爪 一幸）

文献

坂爪一幸（2007）：高次脳機能の障害心理学．学文社．
坂爪一幸（編著）（2008）：特別支援教育に活かせる発達障害のアセスメントとケーススタディ．学文社．
坂爪一幸（2011）：特別支援教育に力を発揮する神経心理学入門．学研教育出版．

専門的支援法＆リハビリテーション

74. 発達障害とワーキングメモリ

1. トピック（解説）

　近年、リハビリや教育などの分野で注目されている脳の機能として、ワーキングメモリ（作業記憶）があげられる。ワーキングメモリとは、短期に記憶して、頭の中であれやこれや考えるときに使われる記憶のことである。たとえば、1歳台の子どもに、「○○ちゃん」と呼びかけたとする。呼ばれた子が歩きながら大人のほうに近寄ってくる。しかしそこに犬が出てきて、その犬に気を奪われてしまうと、自分が呼ばれていることを忘れてしまう。この様子から、この子のワーキングメモリは未形成であることがわかる。もしも呼ばれたことを覚えていれば、犬から注意がそれた後に、呼ばれたことを思い出し、そちらに向かうことができる。この段階になると、ワーキングメモリの容量は1つ（もしくは1つ以上）となる。認知症の人が、食事を食べたにもかかわらず、「食べていない」と言い張るのは、ワーキングメモリが働いていない可能性がある。ワーキングメモリが働かないと、人の話を聞いたり文章を読んでいても意味が取れなくなる場合がある。単語や文章を次々に忘れてしまうからである。知的障害や発達障害のある子どもたちは、このワーキングメモリに問題があると考えられている。

　一般的には年齢が上がるにつれて、ワーキングメモリの容量は増えていくとされる。ワーキングメモリには、音声ループ（言語性ワーキングメモリ）と視空間スケッチ帳（視空間性ワーキングメモリ）および、中央制御部の3つがある。たとえば、ワーキングメモリが少ないと、一度「これは正しい」と思い込むと、周りから「違う」と否定されても、それを修正できなかったりする。容量の不足は、「言われていることがよくわからな

図1　ワーキングメモリ（作動／作業記憶）

坂爪一幸氏作成

い」「理解できない」「いいことか悪いことか判断できない」ということにもつながる。それが時には、反抗・挑戦的に見えたりすることもある。

2. エフォート（取り組み／実践）

　言語性ワーキングメモリは、言葉を聞いて、その言葉だけで頭のなかで考えるときに使うメモリである。言語性ワーキングメモリが優位な場合は、話の際にメモを取らなくても頭のなかに入り、分析したり、結論づけたりすることができる。一般的には知的障害・発達障害のある場合は、言語性ワーキングメモリだけではなく、絵や写真を提供することが薦められている。視空間性ワーキングメモリも使ったほうが理解しやすいからである。

3. アジェンダ（問題点と今後の課題）

　知的障害・発達障害ばかりではなく、脳に関係するさまざまな疾患、うつ病、統合失調症、認知症なども、ワーキングメモリの問題から起こるとされている。ワーキングメモリは、人間が人間としてしっかりと現実を把握し、適切な選択をしながら生きていくときに、とても重要な役割を果たす。ワーキングメモリへの配慮は、知的障害・発達障害のある人たちとかかわる際には不可欠といえる。

（湯汲 英史）

文献

坂爪一幸・湯汲英史（編著）（2015）：知的障害・発達障害のある人への合理的配慮．かもがわ出版．
T. P. アロウェイ（著）湯澤美紀・湯澤正通（訳）（2011）：ワーキングメモリと発達障害．北大路書房．

専門的支援法＆リハビリテーション

75. 発達障害と心の理論

1. トピック（解説）

　自閉スペクトラム症（Autism Spectrum Disorder，以下ASD）の人たちの社会性とコミュニケーションの障害の背景には「心の理論」の問題があるという説がある。心の理論とは心の状態を理解する力のことであり、他者の視点に立つことや意図を理解することに関係しており、それをもたないと他者との間にさまざまなコミュニケーションのすれ違いが生じるという考え方である。

　心の理論は誤信念課題と呼ばれるテストによって評価できる。誤信念課題は「Aさんは箱にボールを入れて部屋を出ていきました。そこにBさんが入ってきて、ボールを箱からバッグに入れ替え、部屋を退出しました。再び部屋に戻ってきたAさんはボールをどこに探すでしょう？」といった設問からなる。定型発達児は4歳頃にこの課題に正答できるようになるが、ASD児では知的発達に遅れがなくてもその年齢で正答するのは難しいことが明らかにされている。

　しかし、ASDがあっても永続的に心の理論をもてないわけではない。9歳頃になると誤信念課題に正答できるようになり、10歳頃には定型発達児と成績差がなくなる。そして、それを可能にするのは言葉の力であり、9歳から10歳レベルの言語力がASD児の心の理論の獲得を促進する可能性が示唆されている。心の理論の獲得と言語力の関係は次のように考えることができる。

　他者の心の状態を理解する2つの方法がある。直観的な方法と推論的な方法である。前者は、相手の立場に自分の身を置き、この状況なら自分ならこう考えこうするだろう、という無意識的なシミュレーションを行うやり方である。後者は、誤信念課題ならば「Aさんはボールが置き換えられたところを見ていない。見ていないことを知ることはできない。よってAさんは自分が置いた場所である箱を探すだろう」と論理的に考えて問題を解く。ASD児には前者は容易ではないが、一定レベルの言語力があれば後者は可能である。そのように、時期やスタイルは定型発達児と異なるものの、ASD児も心の理論を獲得する可能性をもつ。

2. エフォート（取り組み／実践）

　ASD児の心の理論の問題に対する支援法には、トップダウンとボトムアップのアプロー

図1 コミック会話の例
阿部利彦編著『クラスで気になる子の支援 ズバッと解決ファイル』金子書房（2009）より

チがある。前者は、他者の視点や意図に気づきにくいことによって生じる具体的な問題の解決を図る方法であり「コミック会話」などがある。後者には、トレーニングによって心の理論の獲得を促進する「心の読み取り指導法」（Howlin et al., 1999）などがある。

ASD児は自然な場面では自発的に他者の視点や意図に気づきにくいが、相手の気持ちを考えるべき場面が示され、質問などの促しによって意識化させると、理解しやすくなる。そのために、絵と吹き出しを使って自分と他者のそれぞれの思いを漫画風に視覚的に示すことで、コミュニケーションのすれ違いを理解し、その修復を図るのが「コミック会話」と呼ばれる支援法である（図1）。

また、心の読み取り指導は、他者と自己の視点の違いの理解を促すスモールステップのトレーニング法である。たとえば次のような練習を行う。2枚の異なる絵カードを貼り合わせる。そして、両面を子どもに見せ、2枚の絵を確認させる。そして、片面を子どもに見せ、何が見えているか問う。次いで、指導者には何が見えているか、つまり子どもには見えていないもう一方の面は何の絵であるか問う。これは、いま自分に見えているものでなく、自分には見えておらず相手に見えているであろうものを想像する課題である。

3. アジェンダ（問題点と今後の課題）

ASDの人には心の理論がないのではなく、心の理論のあり方そのものが定型発達者と違っているという主張がある。ASD者が定型発達者の心に気づきにくいのと同じように定型発達者もASD者の心に気づきにくい、つまり相手の気持ちがわかりにくいのはお互い様だという議論である。そうだとすれば、ASD者にだけ定型発達者の心の理論をもつことを強いるのは公平ではないだろう。ASD者の心を理解しようという定型発達者の歩み寄りも重要だと考えられる。定型発達者と質的に異なるASD者固有の心の理論の研究は今後の課題といえる。

（藤野 博）

文献

Howlin, P., Baron-Cohen, S. & Hadwin, J. A. (1999): Teaching Children with Autism to Mind-Read: A Practical Guide, Wiley.

専門的支援法＆リハビリテーション

76. 発達障害とOT作業療法

1. トピック（解説）

　わが国に作業療法（Occupational Therapy: OT）が導入されてからほぼ半世紀が経過した。作業療法とは、病気や障害のある人々に"作業（occupation）のある生活を実現すること"（鎌倉、2015）をめざす専門職である。現在、作業療法有資格者は7万4801名（2015年6月1日時点、日本作業療法士協会、2015）で、養成校181校（194課程）の入学定数は7000余名と増加している。2014年度の統計によると、発達障害領域の児童福祉関連施設で働く者は600名、特別支援学校に勤務する者は96名である（日本作業療法士協会、2015）。発達障害OTは当初、主に身体・運動器系に障害のある肢体不自由児を対象としていたが、今日では脳性まひ児はもとより、精神発達遅滞児や学習障害、自閉症スペクトラム等、いわゆる発達に課題を抱える多様な子どもたちへと拡がっている。また、医療の進歩により高度な医療ケアを必要とする重症心身障害児も増え、症状や障害程度、及びその年齢も乳幼児期から成人までさまざまである。発達障害の臨床像は、脳損傷の部位による機能低下にとどまらず発達過程全般に及ぶため、作業療法士の治療的取り組みも、運動機能や感覚・知覚・認知機能、及び心理社会的機能等、子どもの発達のあらゆる側面に目を向けたトータルなアプローチが必要となる。すなわちそれは、対象となる子どもと家族が未来に向けて楽しく夢と希望をもてる生活を送れるように支援することであり、困っている家族や子どもの声に耳を傾け、彼らが必要とする作業（遊び、学習、身辺自立、介護負担の軽減、文化・スポーツ観戦や参加等）を見出し、作業ができるように支援することで、子どもと家族の日常生活をより健康にすることがOTに課せられている。その過程では、リハビリテーションにかかわるPTやSTを始め、保健・医療・福祉、教育、行政に係る多職種との連携と協働が必要不可欠である。

2. エフォート（取り組み／実践）

　発達障害OTでは、まず対象児と家族のニーズを聞き出し、子どもの機能や介護にかかわる状況を評価することから始める。対象児のOT評価に用いられる主な検査を表1に示した。運動機能としては、上肢・下肢、体幹の全身機能をはじめ、関節可動域や筋力、粗大動作や巧緻動作にかかわる姿勢反応や運動企画能力を評価する。感覚統合機能としては、日本版ミラー幼児発達スクリーニング検査（JMAP）や日本感覚インベントリー

表1 発達障害OTで用いられる主な評価

A. 運動機能
- 粗大運動能力尺度(GMFM):脳性まひ児の評価として開発された評価
- エアハート発達学的視覚検査(EDVA):脳性まひ、発達遅滞で運動障害を伴う児のための視覚運動機能評価

B. 感覚統合機能
- 日本版ミラー幼児発達スクリーニング検査(JMAP):2歳9か月から6歳2か月の幼児を対象とした、5領域(感覚-運動、協応性、言語、非言語、複合能力)を評価する。
- 日本感覚インベントリー改訂版(JSI-R):感覚調整の状況を把握する質問紙。

C. 生活機能
- 運動とプロセス技能の評価(AMPS):日常生活上の83課題の中から、本人や家族にとって重要な複数の課題を選び、その遂行状況を評価する。スクールAMPSはとくに学齢児を対象にして開発されたものである。
- カナダ作業遂行測定(COPM):本人や家族への面談を通して対象児・者の課題を明らかにし、OT介入前後の達成度と満足度を数値化して評価する。

改訂版(JSI-R)で感覚・運動や協応性、言語・非言語及び複合能力等について把握する。生活機能に関しては、OT固有の視点による比較的新しい評価として、運動とプロセス技能の評価(AMPS)やカナダ作業遂行測定(COPM)がある。社会参加では、家庭内から保育園、学校などの集団行動への適応・不適応の状態を明らかにし、学習関連活動への支援に向けた評価と工夫、たとえば、机の高さや角度の調節、集中できるような環境調整が有効である。環境面の評価では、家族と話し合いながら一緒に、課題とその解決目標を具体的に設定し、福祉用具や機器、自助具の工夫、姿勢保持具、玩具の選択と工夫を行うことで、介護負担の軽減にもつなげている。

3. アジェンダ(問題点と今後の課題)

わが国のOTは厚生行政下にあり、一方、増加傾向にある発達障害児が学ぶ特別支援学校は文部科学省の管轄である。互いの文化の違いが連携と協働を阻むことのないよう、OTは対象児に応じた具体的な支援やアドバイスを提案して、教員との役割分担を明確にしたい。今後の課題は、本領域にかかわるOTのさらなる人材育成、及びOT協会を通して特別支援学校へ専門職雇用の拡大を行政に働きかけることである。

(菊池 恵美子)

文献

鎌倉矩子(2015):インタビューを終えて.鎌倉矩子・岩崎清隆(編)作業療法を創る, p.459, 青海社.
日本作業療法士協会(2015):平成27年6月1日現在の作業療法士.日本作業療法士協会誌, 40, 56.
日本作業療法士協会(2015):2014年度日本作業療法士協会会員統計資料.日本作業療法士協会誌, 42, 19-20.

専門的支援法＆リハビリテーション

77. 発達障害とST言語療法

1. トピック（解説）

　その現れ方は個々にさまざまであるが、すべての発達障害児・者は、言語・コミュニケーション発達の問題を抱えている。また、乳幼児健診において言語発達面の問題で要フォローとなる割合が最も高いことが示されており、発達障害の早期発見の場において、言語発達をより専門的な視点から評価し、さらに適切な早期支援につなげることが重要である。言語聴覚士（Speech-Language-Hearing Therapist：通称ST）は、言語聴覚士法（1997年）により、音声機能、言語機能または聴覚に障害のある者についてその機能の維持向上を図るため、言語訓練その他の訓練、これに必要な検査及び助言、指導その他の援助を行うことを業とする者と定義される資格である。2015年3月末現在の国家試験合格者累計は2万5549名で、その職場は、医療（病院等）が73.5％と多く、福祉は7.8％、学校教育は1.8％と少ない（日本言語聴覚士協会ホームページ）。8割以上のSTが、主に成人期の言語障害（失語症、摂食・嚥下、発声・発語）を対象としており、発達期の乳幼児・児童の言語療法に携わるのは2割に満たない現状である。学校教育においては、言語障害児通級指導教室があり3万4000人以上の小中学生が指導を受けている（2014年）。対象児童・生徒は、器質的・機能的な構音障害、吃音等話し言葉におけるリズムの障害、言語機能の基礎的事項（聞く・話す等）の発達の遅れなどがある者で、通常の学級での学習に概ね参加でき、一部特別な指導を必要とする程度のものとされている。通級指導教室へのST配置は制度化されていないため、教員が外部機関のSTの助言を受けて、児童・生徒の指導にあたることが多い。

2. エフォート（取り組み／実践）

　発達障害を対象とする言語療法では、言語・コミュニケーションに何らかの問題をもつ場合を広く捉えてその支援を行う（図1）。支援の形態は、個々の実態に合わせた個別指導が多いが、集団での支援や、他の専門職と連携して行う場合もある。集団（主に少人数）指導では、相手の話を聞く、話す、会話する、話し合うなどの指導が行われることが多い。また、保護者への間接的な支援も行われる。支援の方法（技法）は、行動理論、認知発達、語用論などの立場からさまざまなアプローチが用いられる。また、音声言語での表出や理解が困難な場合には、各種の補助・代替手段を用いてコミュニケーション能力を

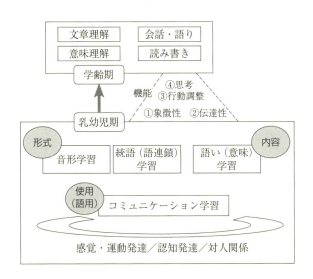

図1 言語の機能・要素と発達過程

高めていこうとする拡大・代替コミュニケーション（AAC）のアプローチも用いられる。支援の場としては、医療機関、療育センターなどの福祉機関の他に、保育・教育現場との連携が求められるようになってきた。医療や療育機関のSTが、担当する子どもの通う教育機関に対して、専門職の視点から対象児の言語発達状況や課題について報告書で説明するという形がとられることが多い。しかしながら、最近では、行政や教育機関からの要請を受け、STが巡回相談のような形で教育現場に出向き、学校内での児童への直接的指導や、担任教員へのコンサルテーション、保護者相談などを行うケースも増えている。また、教育委員会や教育相談所、特別支援学校、難聴・言語障害通級指導教室などに所属するSTもいる。期待されるSTの役割としては、専門家の視点に立ったアセスメントの実施、対象児や学校のニーズの把握、適切な指導内容・方法の助言、個別指導計画の作成への協力、授業場面の観察・助言などがあげられる。

3. アジェンダ（問題点と今後の課題）

保育・教育現場における言語・コミュニケーションに問題を抱える子どもたちへの専門的支援が求められている。さらに、学校教育における言語障害通級指導教室の対象から外れる各種の発達障害の支援においても、言語療法のアプローチは重要である。しかしながら、小児分野で活躍するSTはまだ非常に少ない。福祉・教育現場でSTを活用する体制をつくり、STの養成や現職研修等で発達障害への指導や教育現場でのST業務についての学修や実習を充実していくことが必要であろう。

（林 安紀子）

文献

石田宏代・大石敬子（2008）：言語聴覚士のための言語発達障害学．医歯薬出版．
日本言語聴覚士協会ホームページ　https://www.jaslht.or.jp/

専門的支援法＆リハビリテーション

78. 発達障害とPT理学療法

1. トピック（解説）

　理学療法士及び作業療法士法（1965年6月29日法律第137号）では理学療法の業務を、「『理学療法』とは、身体に障害のある者に対し、主としてその基本的動作能力の回復を図るため、治療体操その他の運動を行なわせ、及び電気刺激、マッサージ、温熱その他の物理的手段を加えることをいう」（第2条第1項）としている。理学療法の主な目的は、法に定めるように動作能力の回復にある。小児期の理学療法の対象疾患は、脳性麻痺をはじめ、小児整形外科疾患、神経筋疾患、重症心身障害が多い。「発達障害」では、さまざまな障害が合併している場合があり、小児期の理学療法では、運動発達の遅れ・偏り・退行を可能な限り防止するとともに、成長過程で見られる変形・拘縮、さらに体力の低下等について対処する。これらを通して、日常生活活動の改善を図り、生活の質の向上を図ることになる。

2. エフォート（取り組み／実践）

　理学療法士は医師の指示のもとに理学療法を提供する。医師の指示書には、子どもに関する医療情報が記載されている。指示内容には、運動発達や運動機能への対応以外に、痛みへの対応、呼吸理学療法、摂食・嚥下指導、装具の適応指導、住宅改造、両親対応などがある。

　理学療法士の業務は、医療情報を調べるとともに他の医療機関からの申し送り事項を把握することから始まる。長期入院（園）、手術・検査入院は別として、疾患の別、重症度にかかわらず、子どもは保護者と一緒に通院・通園する。子どもが自ら望んで理学療法を希望することはほとんどない。困っていること、気になっていることについて子ども本人が説明することは稀で、大方は保護者が説明する。保護者からの情報収集と同時に子どもの状態を把握（評価）する。子どもの状態に影響する要因としては、疾患由来の一次的な要因、成長過程で見られる二次的要因がある。一次的な要因の例として、筋緊張の異常による"定頸"、"座位"、"立位"、"歩行"などの運動発達の障害がある。二次的な要因の例として、"長期的な不良姿勢による体幹の変形・拘縮"、"胸郭の可動性低下"、"肺コンプライエンスの低下"などの悪循環による呼吸機能障害がある。情報収集や評価結果をもとに当面の理学療法目標と理学療法プログラムを立案し、リハビリテーション実施計画書を

78. 発達障害とPT理学療法

図1　発達障害でのニーズと理学療法

作成する。担当するスタッフがケースカンファレンス（事例検討会）を開き、子どもや家族の課題を共有し、今後の対応策を検討する。理学療法士は理学療法を提供する過程で再評価を行い、子どもの状態とニーズの変化を把握し、理学療法目標、理学療法プログラムの修正を重ねていく。「理学療法は評価に始まり評価に終わる」といわれるほど、評価の重要度は高い。

3. アジェンダ（問題点と今後の課題）

「発達障害」に関する定義や分類の見直しがされている。動物モデルによる「発達障害」の解明、生物学的要因、遺伝的要因についての報告も散見する。これらのことは、「発達障害」の早期診断・早期支援に始まり、発達障害者の心理機能やライフステージに応じた社会環境の整備につながる可能性がある。

理学療法士の役割は、「発達障害」に限らず、また疾患の別、障害の重症度にかかわらず利用者のニーズに応えることである（図1）。理学療法には運動発達に関するいくつかのアプローチがある。今後とも、その適用と期待できる効果について本人・保護者に十分説明する必要がある。現在のサービスを見直し、個々のニーズに応えるサービスの提供へと発展させることで、ライフステージに見合った幾通りものサービスの提供が可能となる。

ここ10年、人間の生活状況を構造的に把握するモデルとして、国際生活機能分類（ICF）が普及している。ICFでは、生活上の障害を医学的モデルと社会的モデルから多面的に把握することが可能となり、医療従事者のみならず福祉・教育に携わる専門職のかかわりが見直されている。背景因子の1つとして環境因子が加わったことによって、生活上の障害を個人的な面からだけでなく環境との相互作用の面から把握することができる。「発達障害」のある人のニーズを優先し、その人のニーズを地域社会全体が受け止め、生活上の障害の解決に向けて専門職の知識・技術を結集していくことが求められている。

〔宮崎 泰〕

文献

内山靖（2004）：理学療法評価とは．内山靖（編）理学療法評価学〔第2版〕（標準理学療法学 専門分野）．医学書院．

第5部

就労支援

就労支援

79. 発達障害児のキャリア教育

1. トピック（解説）

　キャリア教育（career education）とは、1970年代初頭のアメリカで始まった教育改革運動であり、当時の連邦教育局長官であったマーランド（Marland, S. P. Jr.）が、卒業後の社会生活及び職業生活をふまえた学校教育の見直しと改善の必要性を提唱したものである。

　本邦においては、「初等中等教育と高等教育との接続の改善について（答申）」（中央教育審議会、1999）において、初めて公的にキャリア教育の文言が示された。これはスーパー（Super, D. E.）が「ライフキャリア・レインボー」として1980年代に展開した理論的アプローチ、life-span, life-space approachの影響を受けつつ、教育改善の理念と方向性を示すものであった。この答申によると、キャリアとは、「学ぶ」役割や「働く」役割、「余暇人」としての役割等といった「空間軸」、そして幼児期、学校教育段階から職業及び社会生活への移行など生涯にわたる時間的流れである「時間軸」において、「環境との相互作用」によって「個々に」形成され、発達・変化するものであると捉えることができる。

　キャリア教育の定義は、「一人一人の社会的・職業的自立に向け、必要な基盤となる能力や態度を育てることをとおして、<u>キャリア発達を促す教育</u>」（中央教育審議会、2011）と示されており、後期中等教育における職業教育という限定的なものではなく、幼児期の諸活動及び初等教育段階からの教育活動全体を通して取り組むものである。本定義は、特定の能力や態度を身につけさせるために教え込むのではなく、児童生徒1人ひとりが主体的に諸活動に取り組み、生活上・学習上経験するもの・ことに対して自分なりに意味づけ・価値づけ・重みづけ・関連づけることができるよう支援することが、「キャリア発達を支援する教育」であることを明示している。

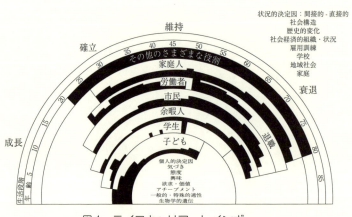

図1　ライフキャリア・レインボー

文部省（1992）より

2. エフォート（取り組み／実践）

　特別支援学校高等部学習指導要領の告示（2009年）以降、知的障害教育を中心にキャリア教育への注目が急速に高まり、学校研究として取り上げる特別支援学校が年々増加し続けている（菊地、2013）。これらの多くは「育てたい力」の枠組み例として示された「4領域8能力」や「基礎的・汎用的能力」に基づき、教育活動全体を見直すというものであり、具体例としては、国立特別支援教育総合研究所（2010）が開発・提案した「キャリアプランニング・マトリックス（試案）」や教育課程及び授業等を改善するための諸ツールを参考または活用した取り組みがあげられる。

　学校現場における従来の実践研究と異なる点として、キャリア概念に基づき、授業の改善のみならず、小中高12年間の一貫性・系統性をふまえた教育課程の改善を図ろうとしたこと、PATHの活用など、「本人の願い」を中心に関係者が個別の教育支援計画等の作成と活用に努めたこと、の2点があげられる。

3. アジェンダ（問題点と今後の課題）

　今後の課題としては、次の3点があげられる。1点目は、キャリア概念や定義の正しい理解である。職業教育や産業現場等における実習の充実といった狭義の捉えや「○○能力を高めること」といった誤解がいまだ一部では散見されるため、ライフキャリアの視点をふまえた正しい理解を図る必要がある。2点目は、いわゆる重度・重複障害のある児童生徒に対するキャリア教育の捉えである。「できる・できない」という能力観ではなく、「しようとする」ことを大切にし、意欲を育む「育成」の姿勢が含まれる能力観であるcompetencyを理解し、「本人の願い」に基づく取り組みの充実が一層求められる。3点目は、「組織的取り組み」である。「キャリア発達支援」は、共生社会の形成を進めるうえでも重要なキーワードであり、組織的取り組みを促進するためには、ファシリテーションの知見を活用する等、関係各所の連携による一層の充実が求められる。

（菊地 一文）

文献

中央教育審議会（2011）：今後の学校におけるキャリア教育・職業教育の在り方について（答申）．
菊地一文（2013）：実践キャリア教育の教科書．学研教育出版．
国立特別支援教育総合研究所（2010）：知的障害教育におけるキャリア教育の在り方に関する研究 研究成果報告書．
Marland, S. P. Jr.（1974）: Career Education: A Proposal for Reform. New York, Mc Graw-Hill Book Co.
文部省（1992）中学校・高等学校進路指導資料第1分冊．
Super, D. E.（1980）: A life-span, life-space approach to career development. Journal of Vocational Behavior, 16(3), 282-298.

就労支援

80. 発達障害者と障害者雇用制度

1. トピック（解説）

　わが国における障害者雇用施策は、「障害者の雇用の促進等に関する法律」（以下、障害者雇用促進法）に基づき進められている。障害者雇用促進法は、①障害者に対する措置としての「職業リハビリテーションの推進」、②事業主に対する措置としての「障害者雇用率制度」から構成される。この①の「職業リハビリテーションの推進」において、公共職業安定所、障害者職業センター、障害者就業・生活支援センターは、福祉、教育、医療の関係機関と連携しながら、障害者1人ひとりの障害の種類、程度、就労に関する希望、適性、職歴をふまえ、職業的な自立を支援することとされている。②の「障害者雇用率制度」は、「身体障害者または知的障害者の雇用義務等」「障害者雇用調整金の支給等および障害者雇用調整金の徴収」、および特例措置に関する規定から構成される。このうち、「身体障害者または知的障害者の雇用義務等」とは、民間企業、国、地方公共団体が、障害者雇用促進法に基づき、それぞれ一定割合（法定雇用率）に相当する数以上の身体障害者

表1　発達障害者の雇用に関する主な制度の一覧

	支援の内容	制度
障害者の雇用に関する制度	就職に向けた準備、訓練	職業準備支援、就労移行支援事業、職場適応訓練、公共職業訓練、障害者の態様に応じた多様な委託訓練
	就職活動、雇用前支援、定着支援	職場適応援助者（ジョブコーチ）による支援、精神障害者総合雇用支援、発達障害者に対する体系的支援プログラム
	離職・転職時の支援、再挑戦に向けた支援	就労継続支援事業（A型）、就労継続支援事業（B型）
	障害者を新たに雇い入れる場合の助成金	特定求職者雇用開発助成金（特定就職困難者雇用開発助成金）、障害者トライアル雇用奨励金、障害者初回雇用奨励金（ファースト・ステップ奨励金）、中小企業障害者多数雇用施設設置等助成金、障害者雇用安定奨励金（障害者職場定着支援奨励金）
	障害者の雇用継続を支援する場合の助成金	障害者作業施設設置等助成金、障害者福祉施設設置等助成金、障害者介助等助成金、障害者雇用安定奨励金（訪問型職場適応援助促進助成金）、障害者雇用安定奨励金（企業在籍型職場適応援助促進助成金）、重度障害者等通勤対策助成金、重度障害者多数雇用事業所施設設置等助成金
	障害者の職業能力向上のための助成金	障害者職業能力開発助成金（障害者職業能力開発訓練施設等助成金）、障害者職業能力開発助成金（障害者職業能力開発訓練運営費助成金）
	障害者を雇用する事業所に関する税制上の優遇措置	例：助成金の非課税措置
発達障害者の雇用に関する制度	発達障害者の就労支援の推進	若年コミュニケーション能力要支援者就職プログラムの推進、発達障害者就労支援者育成事業の推進、発達障害者・難治性疾患患者雇用開発助成金、発達障害者に対する職業訓練の推進

または知的障害者を雇用しなければならないことである。発達障害者が障害者雇用促進法の対象になった契機は、障害者自立支援法の施行とともに、障害者雇用促進法の一部改正（2006年4月施行）により、精神障害者（精神障害者保健福祉手帳所持者）が法定雇用率の算定対象になったことである。その後、2009年の発達障害者雇用開発助成金（2013年度から、発達障害者・難治性疾患患者雇用開発助成金に統合）の設置、同年の精神障害者保健福祉手帳診断書様式の改訂（例：広汎性発達障害関連症状の項目の追加）など、発達障害者に対する支援が拡充してきた。

2. エフォート（取り組み／実践）

発達障害者が障害者雇用率制度の対象として支援されるためには、知的障害がある場合は療育手帳を取得することが、またメンタルヘルス面あるいは認知面で支援が必要な場合は精神障害者保健福祉手帳を所持することが必要となる。一方で、療育手帳も精神障害者保健福祉手帳も所持しない場合は、障害者雇用率制度の対象とはならないが、障害者の雇用に関する制度を利用し、事業主に発達障害の特性を理解してもらいながら雇用される場合がある。これらはいずれも事業主に障害を開示した雇用であるが、発達障害の診断があっても、事業主に障害を開示しない場合もある。それは、発達障害者が障害者雇用率制度の対象とならないことや、「精神障害者」という言葉のもつイメージから精神障害者保健福祉手帳の取得をためらう者もいることが、理由としてあげられる。

3. アジェンダ（問題点と今後の課題）

発達障害者の障害者雇用制度について考える以前の課題として、次の2点があげられる。第一に、事業主にとって発達障害者のイメージが明確とはいえないため、雇い入れに際し事業主に戸惑いが見られる点である。第二に、発達障害者の就労支援のノウハウが知的障害者や精神障害者と比べて十分に蓄積されているとはいえず、支援に時間と労力がかかる点である。今後も継続して発達障害者の雇用好事例を着実に増やしていくことで、就労支援の手法も体系化され、発達障害者の雇用のメリットも事業主に理解されていくものと思われる。

（小澤 昭彦）

文献

厚生労働省（2015）：発達障害者支援施策の概要．http://www.mhlw.go.jp/
厚生労働省（2015）：事業主の方のための雇用関係助成金．http://www.mhlw.go.jp/
ミネルヴァ書房編集部（編著）（2015）：ミネルヴァ社会福祉六法．ミネルヴァ書房．

就労支援

81. 発達障害と職業リハビリテーション計画とアセスメント

1. トピック（解説）

　職業リハビリテーション計画は、職業的自立に必要かつ有用な支援を行うための実行手順を示したものである。それは、「障害者が自分で選択した環境のなかにおいて機能的に活動できる能力を促進するとともに、他者の支援をできるだけ少なくすること」が基本となる。そのためには、①計画の目的は医学的な症状や機能・形態障害の軽減や消滅ではなくて、実際の日常活動や作業を進めるのに必要な諸能力の開発にあること、②計画の策定は対象者本人の意志決定のもとに行うことを十分に認識すること、③個人の諸特性と職場環境から要請される役割行動とを関連づけて、双方のギャップを埋める対処方法を明らかにすること、などが重要である。そのために、個人の「技能の発達」と「技能の活用」、及び環境側の「資源の調整」と「資源の修正」のそれぞれについて、目標に到達するための具体的な手段やサービスとその実施期間及び優先順位を決定した「支援計画表」を作成する。この表には、①本人のニーズ達成に向けた大目標を明確にした「支援目標」、②支援目標を達成するために具体的に細分化された「個別目標」、③個別目標ごとに支援者と対象者本人の活動内容を明確にした「実施内容（役割分担）」、④個別目標を達成するまでの期限を明確にした「実施期限」、⑤個別目標を達成したときに予測される変化を明確にした「期待される変化」、⑥自筆の署名、などで構成される。

　アセスメントはその作成に必要な情報を整える手続きである。そのためには、対象者が職業に対するニーズをどれだけ自分で明確化しているかによって、「目標達成志向型」と「問題発見志向型」を両極とする多様な仕方がある。前者は、対象者が将来の目標を比較的明確にしている場合の仕方であり、特定の職業的な目標への到達に向けた教育や指導や訓練の方法について具体化すること、すなわち、「支援計画表」の作成が焦点となる。これに対して後者は、対象者自身が自分の目標やニーズを自覚できていなかったり何が問題かについても明確化できない場合の仕方であり、自己理解を深めることを通して自分の課題を発見してその解決方法を探索する「キャリアカウンセリング」を進めてゆくことになる。

　こうしたアセスメントとそれに基づく職業リハビリテーション計画の作成は、障害者職業センター（地域及び広域）や障害者職業総合センターに所属している、労働大臣指定研修を修了した有資格者の障害者職業カウンセラーが担当することが多い。作成の対象とな

81. 発達障害と職業リハビリテーション計画とアセスメント

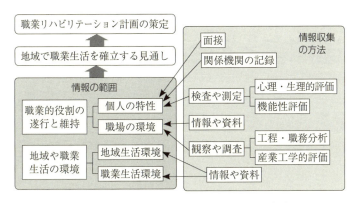

図1 サービス提供に必要な情報と収集方法

る人は発達障害の有無にかかわりなく、職業相談の過程で本人からの要望に応じて実施する。

2. エフォート（取り組み／実践）

アセスメントで必要とされる情報は、図1に示すように広範囲に及ぶが、大きくは、個人が仕事に就いてその役割の遂行を維持する可能性（職業的役割の遂行と維持）と、地域生活や職業生活を維持する可能性（生活環境や職業環境）の2つの領域がある。前者はさらに、個人特性に関する情報（社会生活の遂行面と職務の遂行面の双方が含まれる）と特定の職業環境に関する情報の領域からなる。後者も社会生活環境に関する情報と職業生活環境に関する情報からなる。こうした多面的な情報を収集する方法も、①面接、②関係機関の資料や記録、③検査や測定、④職業環境の情報や資料、⑤観察や調査、⑥社会生活環境や職業生活環境の情報や資料など、多様である。

3. アジェンダ（問題点と今後の課題）

職業リハビリテーション計画の作成では、対象者本人の積極的な参加を促すこと、体験実習の機会を積極的に取り込むこと、既存の支援サービスに固執しないで現に抱えている問題の解決に向けた支援を最優先にすること、個人と環境の双方からの支援を併行させること、などが必要である。また、アセスメントでは、情報の解釈は職業的な発達の視点に即して行うこと、障害がもたらす影響が個人と環境との相互作用に及ぼす変化に注意することが重要である。

（松爲 信雄）

文献

松爲信雄・菊池恵美子（編著）（2006）：職業リハビリテーション学．協同医書出版社．

就労支援

82. 発達障害とジョブコーチ

1. トピック（解説）

　ジョブコーチとは、障害のある人が働く職場に一定期間入り、職場の従業員と協働して、障害のある人の職場定着に必要な支援を直接的・間接的に提供する就労支援の専門職を指す。国内では、職場適応援助者事業の養成研修を修了した者が職場適応援助者としてこの専門職に該当する。職場適応援助者は名称独占や業務独占と伴う資格ではなく、ジョブコーチと呼称されている。わが国のジョブコーチと呼ばれる専門職員は、障害者職業センターに所属している「配置型ジョブコーチ」、福祉施設等（社会福祉法人格を有する）に所属する「訪問型ジョブコーチ（旧第1号職場適応援助者）」、障害者を雇用する企業に所属する「企業在籍型ジョブコーチ（旧第2号職場適応援助者）」の3種類ある。ジョブコーチとしての資格を有するには、厚生労働省の認可する職場適応援助者養成研修を修了することが条件となっている。この養成研修は、2015年現在、独立行政法人高齢・障害者雇用支援機構及びNPO法人・社会福祉法人6機関が厚生労働大臣が定める研修として実施している。ジョブコーチの役割は、職業的自立を実現するために障害者自身のエンパワーメントを図り、事業主や家族の支える力を最大限発揮することができる環境を作り出すことである。ジョブコーチの支援は、援助つき雇用モデルという発想に基づいている。このモデルは、障害者の「できること」に着目し、実際の仕事を通じて具体的かつ直接的な訓練を職場で行うものであり、「就職してからの継続的な支援」を重視する。

2. エフォート（取り組み／実践）

　ジョブコーチの支援プロセスは、支援を実施する前の準備期、実際の職場において実施される集中支援期、職場定着支援を中心とするフォローアップ期の3ステージに分けられる。より効果的な支援を実現するためには、準備期のアセスメントが重要となる。このアセスメントでは個人の障害特性だけでなく、職場環境の特性を充分に把握することが求められる。ジョブコーチは職務遂行における個人の職業準備性の程度と職務内容との適合性を評価の視点として、双方をアセスメントし、互いのニーズが合致するように「障害のある人」と「職場環境」をマッチングさせる。職場環境のアセスメントでは、人事担当者や現場スタッフ等の印象やコミュニケーションの特徴、障害者雇用への企業の考え方等の職場の人的環境、作業スペースの清潔感や臭いや騒音などの作業環境の特徴、手順の可変性

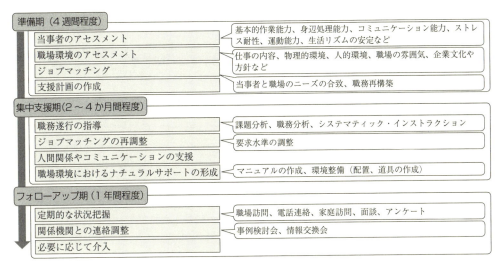

図1 ジョブコーチの支援プロセス

や分担内容の変更の可否、作業マニュアルの整備の有無等に関する情報を収集する。

ジョブコーチは、本人への指導と本人を取り巻く支援環境の整備を行いながら、最終的にはジョブコーチがいなくても就労が成立する職場環境の構築をめざして支援している。ジョブコーチ支援6か月後の職場定着率は84.8%（2009年度時点）と高く、障害者の継続的かつ安定的な就労を実現するうえでジョブコーチ支援は高い成果を上げている。

3. アジェンダ（問題点と今後の課題）

企業在籍型ジョブコーチは、ジョブコーチ全体の11.3%（2012年度）であり、その人材育成と活用促進が課題となっている。ジョブコーチ支援では企業内文化等に精通している必要があることからも、企業在籍型ジョブコーチ活用促進によって、より高い効果が得られることが期待されている。

（藤井 明日香）

文献

独立行政法人高齢・障害・求職者雇用支援機構（2014）：第3節 職業準備性の向上のための支援．平成26年度版就業支援ハンドブック——障害者の就業に取り組む方のために，27-31．独立行政法人高齢・障害・求職者雇用支援機構．

厚生労働省（2014）：地域の就労支援の在り方に関する研究会報告書（第2次）．2014年3月4日．

小川浩（2006）：第7章 ジョブコーチ——援助付き雇用．松為信雄・菊池恵美子（編）職業リハビリテーション学——キャリア発達と社会参加に向けた就労支援体系，228-233，協同医書出版社．

小川浩（2012）：第3節 初期の職場定着支援——職場定着支援とジョブコーチ．日本職業リハビリテーション学会（編）職業リハビリテーションの基礎と実践——障害のある人の就労支援のために，162-163，中央法規．

就労支援

83. 発達障害と地域障害者職業センター

1. トピック（解説）

　地域障害者職業センターは、「障害者の雇用の促進等に関する法律」に基づいて設置された機関である。ハローワークや関係就労支援機関等との密接な連携のもと、地域における職業リハビリテーションサービスの中核機関として、障害者に対する専門的な支援の提供、事業主に対する障害者の雇用管理に関する相談・援助、地域の関係機関に対する助言・援助等を行っている（各都道府県に1所／5支所を含め全国計52所）。

　障害のある生徒・学生の就労支援については、特性に合わせた支援や配慮が必要であるとして、たとえば、特別支援学校の教育課程などに位置づけられた就労準備に加えて、学校卒業後も引き続いて就労準備を継続できる仕組みが構想されてきた。また、職業生活においても「一般扱い」とは異なる雇用対策上の配慮が必要であると位置づけて就労支援体制が整備されてきた。ただし、このときの「学校」とは特別支援学級もしくは特別支援学校高等部を指す。

　一方、知的発達に遅れが顕著でない発達障害者の場合、特別支援学級や特別支援学校を選択せずに高等学校に進学することが多い。その後、高等教育に進学することもある。しかし、職業の世界への移行が円滑であった事例ばかりではなく、就労の実現と継続のために、必要に応じて職業リハビリテーションサービスを選択することが提案されることになる。ただし、通常教育歴を有する場合には就労のための専門支援を選ぶことへの抵抗や拒否があることが多い。したがって、まずは、特性に相応した就労支援として職業リハビリテーションサービスを選ぶために、障害理解や自己理解、意志決定の支援が必要となる事例も多い現状がある。

2. エフォート（取り組み／実践）

　2013年以降、全国の地域障害者職業センターで発達障害者に対する体系的支援プログラム（図1）を実施している。利用者個々の障害特性は多様であるため、アセスメントに基づき職業リハビリテーション計画を策定したうえで、職場における問題解決や対人対応、マニュアル作成、リラクゼーション等、個々に必要となるスキルの習得、模擬的就労場面における作業支援やスキルの活用、振り返りの相談等の活動を通して職業準備を進める支援が実施される。体系的支援プログラムでは、障害理解を深め、事業所での体験実習場面

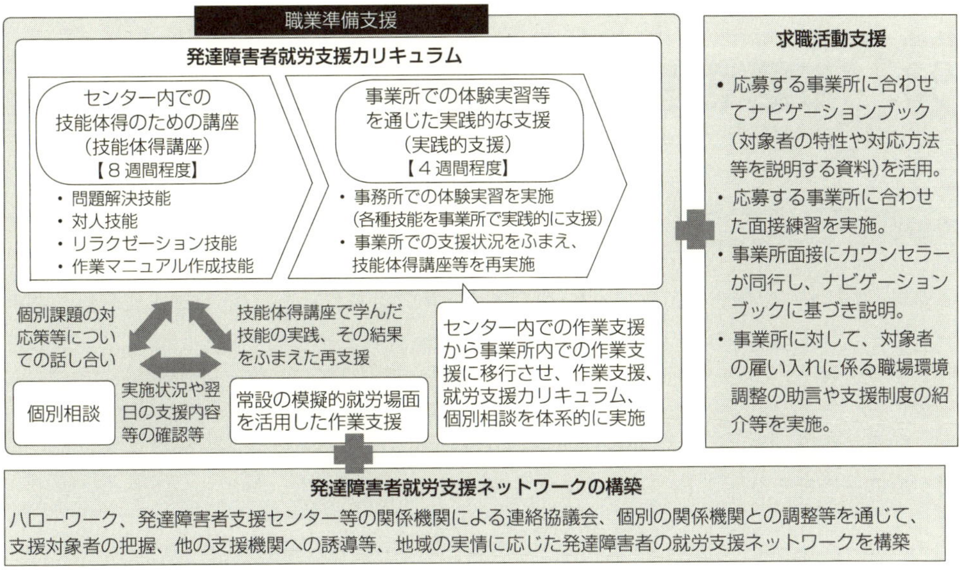

図1 地域障害者職業センターにおける発達障害者に対する体系的支援プログラム

も活用し、特性や対応方法等、事業所に伝える内容の整理等を通して求職活動の自信を深めるための支援（求職活動支援）とともに、地域の実情に合わせた支援体制（就労支援ネットワーク）を構築することも位置づけられている。

3. アジェンダ（問題点と今後の課題）

職業リハビリテーションの支援を円滑に進めるうえでは、本人の障害理解・受容の問題が大きい。これは、職業リハビリテーションサービスの利用に至るまでの支援や本人の職業準備が十分ではないこととも関連している。また、環境側の要因としては、企業その他の障害理解が十分ではない現状もある。さらには、機関連携の課題として、地域における資源の不十分さに加え、支援者の専門性の確保等支援体制整備の課題があげられており、発達障害に関する理解と対応の専門性は連携関係の質にかかわる問題であるといえる。

発達障害者の就職・職場適応のために、地域障害者職業センターとハローワーク（専門援助・新卒・若年・一般の各窓口等）や発達障害者支援センター、障害者就業・生活支援センター、就労移行支援事業所、障害者支援機関等との連携の他、若年就労支援機関（地域若者サポートステーションやジョブカフェ等）、大学等教育機関等における支援体制整備ならびに支援機関の効果的な連携が急務となっている。

（望月 葉子）

文献

障害者職業総合センター（2012）：発達障害のある人がよりよい就労を続けるために.

就労支援

84. 発達障害者と特例子会社

1. トピック（解説）

「障害者の雇用の促進等に関する法律（以下、雇用促進法）」における雇用義務は、個々の事業主（企業等）ごとに発生する。たとえ資本関係が密接な親会社・子会社であったにしても、別法人である以上、それぞれ個別に障害者の雇用義務が生じる。しかし、事業主が、雇用する障害の特性に配慮した子会社を設立し、厚生労働大臣より認可を受けることで、その子会社で雇用されている障害者を親会社で雇用したものと同等にみなすことができる。この雇用促進法上「特例」の会社が、特例子会社である。

特例子会社として認可を受ける要件は、親会社について、①子会社の意思決定機関を支配している、②役職員の派遣・出向等で人事交流が密であること、子会社について、①株式会社である、②雇用障害者が5人以上でうち30％以上が重度身体障害者・知的障害者・精神障害者である、③従業員に占める障害者数は20％以上、④施設・設備改善ならびに指導員配置にきめ細かな配慮が行われていることである。

特例子会社の歴史は古く、1977年には第1号の特例子会社が承認されている。当時、身体障害者の雇用が義務化されたばかりであり、とくに大企業における障害者雇用率が非常に低かった。そこで、地方自治体が重度障害者雇用促進研究会等を立ち上げ、大企業と共同で新しい工場の設立に動いた。いわゆる第三セクター方式の特例子会社である。1990年代前半まで、1年間に平均2社程度というペースで特例子会社が誕生していた。流れが大きく変わったのは、1998年の法改正により知的障害者の雇用が義務化される前後からである。法定雇用率が1.8％に上がり、株主代表訴訟等で障害者雇用が取り上げられる事案も発生し、CSR（企業の社会的責任）等が重視されるなど社会環境が大きく変化した。施設・設備に大きな投資をせず、地域の福祉や教育関係機関等との連携により、知的障害者を中心に雇用する特例子会社が増えはじめた。最近では、毎年20社以上の特例子会社が新たに設立されている。

2. エフォート（取り組み／実践）

2014年6月時点で特例子会社は391社、雇用している障害者の実数は1万5262人である。図1では、2006～2014年の特例子会社で雇用されている障害者の実数を障害種別に示す。身体障害者の雇用はゆるやかに増加し、知的障害者あるいは精神障害者の雇用は

図1 特例子会社で雇用されている障害者（実数）

表1 民間企業、公的部門、特例子会社で雇用されている障害者の障害種別の割合（2014年）

	身体障害	知的障害	精神障害	合計
民間企業	67.4%	23.1%	9.5%	100%
国・都道府県・市町村・独法等	88.7%	4.6%	6.7%	100%
都道府県教育委員会	91.3%	3.9%	4.9%	100%
（特例子会社）※	37.2%	51.4%	11.4%	100%

※特例子会社における障害者雇用数は民間企業の障害者雇用数の内数である

急激に増加している。表1では、2014年の民間企業、国・都道府県・市町村・独法等、都道府県教育委員会と特例子会社に雇用されている障害者の障害種別の割合を示す。2つのデータから、特例子会社では、明らかに知的障害者雇用を積極的に推進しており、そのために職務内容や組織体制、設備・器具等の障害特性に配慮した雇用管理を行っていることが推測される。また、ここ数年の精神障害者の雇用の伸びから、雇用主は知的障害者の雇用管理と同様に精神障害者の雇用管理の手法についても学んでいくものと考えられる。

3. アジェンダ（問題点と今後の課題）

特例子会社は、地域社会の共生の実現をめざした障害者総合支援法に位置づけられる福祉的就労とはまったく異なる位置づけである。しかし、日本の障害者雇用、とくに知的障害者雇用の促進に特例子会社は大きな役割を果たしてきた。それは、実際の雇用数の大きさだけでなく、国や地方自治体に「雇用する事業所と地域の福祉等関係機関と連携」の重要性を「雇用側」から発信し続けた功績も含む。特例子会社では、障害特性に配慮した専任の指導員を配置している。親会社が雇用に躊躇している種別の障害者を積極的に雇用し、雇用管理ノウハウの蓄積を行っている。ただし、特例子会社のほとんどは、経営体力のある、規模の大きな親会社が設立しており、人口規模の大きな大都市や地方都市に偏在する傾向がある。

（志賀 利一）

就労支援

85. 発達障害者と就労移行支援

1. トピック（解説）

　就労移行には、学校から企業への移行及び就労支援施設から企業への移行が存在する。学校から成人生活及び就労への移行については、米国の個別移行計画 ITP（Individualized Transition Plan）が著名である。ITP は 3 歳から 21 歳までの障害児における個別教育計画 IEP（Individualized Educational Plan）に含まれる形で 16 歳（州によっては 14 歳）までに実施される。この ITP は従来 "From School to Work（学校から就労への移行）" であったが、現在は "From School to Adult Life（学校から成人生活への移行）" と、就労だけではなく、広く成人生活へと広がりを示している。これは、就労生活が基本的日常生活（ライフスキル）の獲得のうえで成り立っているからである。

　一方、学校卒業後即就職が困難な発達障害者に対し、企業就労の前段階としてさまざまな職業教育や職業能力開発を行う機関が存在し、それらの機関を通して就労する場合も就労移行支援と考えられる。具体的に発達障害者に特化した職業訓練では、「知識・技能習得訓練コース（3 か月以内）」と「実践能力習得訓練コース（1 か月～3 か月）」があり、「知識・技能習得訓練コース」では、専門学校・各種学校等の民間教育機関、障害者に対する支援実績のある社会福祉法人、障害者を支援する目的で設立された NPO 法人等を委託先として基礎的な知識・技能を習得する。また、「実践能力習得訓練コース」では、企業を委託先とし、事業所を活用した実践的職業訓練であり、訓練終了後はそのままその企業で就職をめざす。双方とも職業訓練であるため、受け入れ事業所に対し、委託料として受講生 1 名につき月 6 万円が支払われる。

　また、期間が 24 か月以内とされている「就労移行支援事業」では、パソコン操作など企業での作業・実習・技術を身につける学習支援を中心に、職場開拓支援、就労後の職場定着支援などが行われている。

2. エフォート（取り組み／実践）

　アメリカのノースカロライナ州では、主に ASD の児童生徒に実施されている ITP（個別移行計画）のために TTAP（TEACCH Transition Assessment Profile）というアセスメントが実施されている。TTAP では、図 1 に示されるように、発達障害児童生徒に対し、フォーマル・セクションとして「家庭尺度」「学校・事業所尺度」及び「直接観察尺

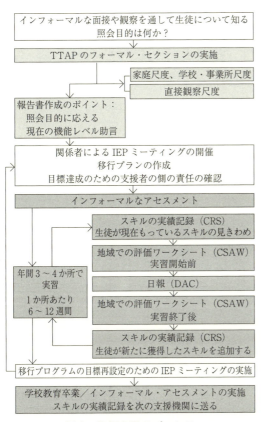

図1 移行支援のプロセス

度」の3尺度で生徒の実態把握を行い、その各々の尺度の下位領域には「職業スキル」「職業行動」「自立機能」「余暇活動」「機能的コミュニケーション」「対人行動」の6領域がある。「職業スキル」の領域などの仕事そのものの能力であり、「ハードスキル」と呼ばれている。一方、「職業行動」から「対人活動」の5領域は職業生活の土台となる日常生活能力、いわゆるライフスキルであり、これらのスキルはハードスキルに対し「ソフトスキル」と呼ばれている。これらの領域のアセスメントが必要なのは、就職したASD等の発達障害者の9割以上がソフトスキルが問題であったからである。図1では、フォーマル・セクションのアセスメント終了後IEP（またはITP）ミーティングを行い、どのような実習先が適切であり、どのような発達障害者に特化した合理的配慮を行うべきかを決定し、その後のインフォーマルなアセスメントでは実際の企業での現場実習で行われる。この現場実習におけるアセスメントが就労移行に最も有効な資料となる。

3. アジェンダ（問題点と今後の課題）

わが国では、発達障害児童生徒に特化した就労移行支援教育が実施されているところは少ない。できれば早期からの就労移行支援教育が実施されることが望まれる。その際、作業そのもののハードスキルの向上よりも、身だしなみや金銭管理、時間厳守など大人になって必要なライフスキルの獲得指導が重要となる。

（梅永 雄二）

文献

梅永雄二（監修）今本繁・服巻智子（監訳）(2010)：自閉症スペクトラムの移行アセスメントプロフィール TTAPの実際. 川島書店.

梅永雄二（2014）：自立をかなえる！ライフスキルトレーニングスタートブック. 明治図書.

●就労支援

86. 発達障害と若者サポートステーション

1. トピック（解説）

　就学、就労、職業訓練のいずれも行っていない若年無業者、いわゆるニート（NEET: Not In Education, Employment or Training）が注目されている。ニートの増加要因としては、若年者の自立心や忍耐力の欠如、コミュニケーション能力の不足、就業意識の未発達等の個人に帰する問題のほか、バブル崩壊以降悪化の一途をたどる若年者の雇用環境、そしてわが国全体の社会構造があげられる。ニートの問題は当事者のみにとどまらず、わが国の経済発展にも影響を与える切迫した課題となっている。

　ニートの現状として、2002年以降60万人強という高い水準でほぼ横ばいで推移している。この若年無業者数を若年人口に占める割合で見ると、15～34歳の若年人口が2002年の3425万人から2009年の2929万人まで496万人も減少しているため、その割合は2.2%と、2002年に比べ0.3ポイント上昇している。

　2006年に厚生労働省が若年無業者155人に行った調査によると、23.2%に発達障害またはその疑いがあることがわかった。さらに厚生労働省による別の調査でも、全体の約半数弱が「ひきこもり」（49.5%）、「精神科又は心療内科での治療を受けた」（49.5%）経験があり、また学校でいじめられた経験をもつ者は半数を超えた。

　ニートへの支援政策を就労支援から包括的・継続的な支援へと転換していった政府は、2006年対象領域の拡大とともに地域若者サポートステーション事業を展開していった。本事業は2005年の「若者の自立・挑戦のためのアクションプランの強化」にも盛り込まれており、「若者の自立・挑戦プラン」の一環として位置づけることも可能だが、設立に至る政策論議は別の機関で遂行されている。それは内閣府が実施した「青少年の社会的自立に関する意識調査」の分析を土台とした「若者の包括的な自立支援方策に関する検討会」であり、2005年6月に出された報告書で「ユースサポートセンター（仮称）」として記されていたのが本事業の構想である。本事業はもともと発達障害に特化した事業ではないが、ニートのなかに発達障害のある者が少なくないことが判明するにつれ、徐々に発達障害にかかわる専門的な支援やプログラムも目立つようになってきている。

2. エフォート（取り組み／実践）

　地域若者サポートステーションは働くことに悩みを抱えている15～39歳までの若者が

86. 発達障害と若者サポートステーション

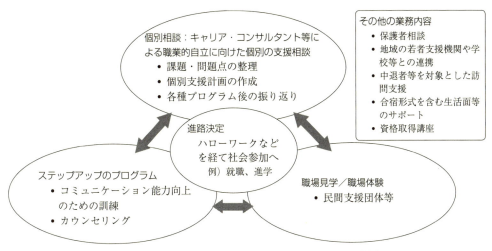

図1　地域若者サポートステーションの一般的な支援

対象である。サポートステーション相談支援事業（キャリア・コンサルタントなどによる職業的自立に向けた専門的相談、職場体験などの各種就職支援プログラム、各種セミナーを通じた啓発、他の若者支援機関への誘導）、サポートステーション・学校連携推進事業（学校等との中退者情報の共有による中退者支援）のほか、一部のサポートステーションでは若年無業者等集中訓練プログラム事業（合宿形式を含む生活面等のサポートと職場実習の訓練：OJT訓練による基礎的能力の付与、基礎的資格の取得支援、就職活動の基礎知識等の獲得）を実施している。一部のプログラムを除き、利用は無料である。

厚生労働省が認定した全国の若者支援実績やノウハウのあるNPO法人、株式会社等が実施し、2015年1月現在全国の地域若者サポートステーションは160か所である。

3. アジェンダ（問題点と今後の課題）

実施されているプログラムは各センターによってさまざまで、なかには発達障害に適さないものもある。発達障害のあるニートの存在が局所的ではなく、アクセス上の理由から継続的に利用可能な最寄りの地域若者サポートステーションを利用するため、全センターに一定水準以上の専門性を有するスタッフを配置し、ホームページ等でプログラム内容等を情報提供して不安なく利用できるようにすることが今後の課題である。

（田中　敦士）

文献

厚生労働省（2007）：ニートの状態にある若年者の実態及び支援策に関する調査研究.
厚生労働省（2008）：発達障害者支援の推進に係る検討会報告書.
内閣府（2005）：若者の包括的な自立支援方策に関する検討会報告書.

実践と研究のための資料

　今後よりよい実践と研究を進めていくうえで、国内外の発達障害にかかわる動向をふまえることと、さまざまな分野における取り組みを包含することが重要であると考える。この示唆を確証するため、今日までに至る障害児者や発達障害にかかわる国際動向及び日本の動向を照らし合わせながら、次世代の実践と研究のあり方について検討する。

　まず、障害に関する国際的な動向として、1981年に「国際障害者年」が指定された。これは、1971年「精神薄弱者の権利宣言」、1975年「障害者の権利宣言」を採択したことに応じて、これらを理念だけでなく社会において実現するという目的のために決議されたものである。国際障害者年のテーマは「完全参加と平等」であった。その頃、日本では同年（1981年）において、「完全参加と平等」という特集が発達障害研究で組まれた。国際的な動向をいち早く捉え、連動しながら研究がなされていることがうかがえる。

　また、国内の障害児者への動向として、2001年に「21世紀の日本の特殊教育のあり方についての最終報告」が、2003年には「特別支援教育のあり方についての最終報告」が出された。発達障害研究では、同年に「養護学校の未来に向けた新たな取り組み」という特集が組まれた。加えて、2005年の「発達障害者支援法」施行の時には、「発達障害者支援法－その今日的意義と将来展望－」といった特集がみられた。さらに、2006年には障害者自立支援法が施行され、翌年には国内動向を振り返り、「発達障害者支援センターの現在」「障害者自立支援法施行1年の課題と今後の展望」という特集が取り上げられた。

　このように、世界や日本の動向をふまえたテーマを設けて最新の知見を論じることは、国内外両方の視点をもち、次なる課題を見出すことにつながる可能性が推測されよう。

　次に、国際知的障害研究連盟（IASSID）による国際会議及び、日本の学術雑誌（特殊教育学研究・教育心理学研究・LD研究・発達障害研究・発達障害支援システム学研究・脳と発達・児童青年精神医学とその近接領域・小児保健研究）の研究内容について、過去約10年間を遡って整理した。

　IASSIDにおける発達障害に関する研究は、精神遅滞、知的障害を中心になされている。広く世界中の知的障害者について、日常生活の向上のための処遇、支援、人権、貧困、障害者にかかわる人々を対象とし、WHO等と協力し、政策立案等広範囲の活躍をめざしている。国際会議当初は、生物医学的なもののウエイトが高かったのが、徐々に減少し、代わりに応用研究、サービスモデル、疫学、早期介入、職業訓練等、多分野にわたっていることが示された。また、学齢期の自閉症や発達障害のある児童生徒を対象とした研究が、増加していることもわかった。

　日本における研究では、教育や保育に関連する分野の内容が多く、次いで言語・認知・

学習といった分野の基礎的研究がなされている。近年では、社会性のスキル訓練や家族への支援といった研究が増加している。一方で、身体・生理等の医学的研究が減少しており、国内外同様の実態が示された。そして、最先端の研究として、医学の進歩に伴い遺伝子に関する基礎研究も取り上げられるようになってきた。研究手法では、調査研究が最も多いことが示された。実験研究と並んで実践研究の件数は、調査研究に比べて半数程度であることが示された。

このことから、国内外における研究内容は、医学、福祉、教育、心理、労働といったさまざまな分野・領域によって構成されていることが示唆された。わが国では、発達障害に関する実態及び現状把握から、今後の課題と示唆を得るための研究が盛んに行われ、現在では、分子レベルでの生物学的研究が着手されるまでに至った。

以上のことから、発達障害に関する実践と研究は、国内外の動向・流れと連動しながら取り組まれてきたと言える。また、今日では、さまざまな分野・領域の研鑽と、これまでに培ってきた知見及び最先端技術の結集による研究が展開されている。

そして、これからの実践と研究は、時代の動向や求められるニーズを視野に入れ、他領域の研究がクロスオーバーしながら協働を図ることが期待される。これまでに培われてきた英知を包含して、誠実かつ真摯に実践と研究に向き合い続けることが望まれよう。

【三浦巧也・渡邉貴裕・伊藤浩・霜田浩信】

文献

菅野敦・霜田浩信・渡邉貴裕・太田俊己・末光茂・伊藤浩・藤原義博（2010）:「発達障害」をめぐる研究動向．発達障害研究 32（1），1-4．

おわりに

発達障害の研究・実践のこれまでとこれから

　1966年に日本発達障害学会の前身である日本精神薄弱研究協会が設立されました。そして、1979年に日本精神薄弱研究協会は、機関誌「発達障害研究」を創刊しました。創刊にあたり、当時の会長である三木安正先生は、「わが国でも、本年4月から実施に移された養護学校の義務制などを契機として、重度・重複障害児の対策などが大きく問題にされるようになり、したがって、それらの問題に対応していくためには関連する学問領域の協同研究や専門的な知識の必要が要望されるようになってきている」と述べています。そして、特集論文として「発達障害とは」というテーマ設定の下に、医学、心理学、社会福祉という3つの立場から報告されています。研究会発足の当初から、発達障害にかかわる関連領域が共同し、研究を発展させてきた点に、本学会の大きな特色があります。その特色は本書においても、医療、福祉、教育、労働の4領域から構成されており明白です。本学会は、今日まで専門性や学問領域を超えた多領域から構成され、発達障害のある人や家族を生涯にわたって支援するミッションを貫き通しているとも言えます。発達障害者支援で関係機関との連携が叫ばれる今日、実践現場において「協同」と「専門性」の向上は重要なキーワードです。今後も、関連する多領域との「協同」を1つの特色とし、互いに高い「専門性」を共有しつつ、学術研究や実践研究の発展に寄与していくことが望まれます。

　また、日本発達障害学会は、国際知的研究協会に加盟をし続け、発達障害の研究・実践にかかわり国際動向にも呼応しながら、学術研究の発展を追究してきました。国際学会への参加などを通して、日本から世界へ発信する試みも徐々に際立ってきています。しかし、国際社会のなかで、どれだけ日本の発達障害研究が寄与しているかは、まだ課題も残ります。今後、世界とつながることはもちろん、世界中の関係者に我々日本の研究成果をアピールし、世界へ発信し、地球規模での貢献に努めていくべきでしょう。

　さらに、発達障害をめぐる医療、福祉、教育、労働の動向は、激変の時を迎えています。世界及び国内の動向に目を向けることはもちろん、変化の時だからこそ、立ち止まり、「研究や実践は何を目指すのか」を、研究者も実践家も問いただしていく必要があるのではないでしょうか。時代的なトピックや挑戦的な研究・実践も大切です。しかし、変化に惑わされることのない、揺るぎない基礎研究や緻密で丁寧な実践研究などの価値を忘れてはなりません。たとえば、高齢化が急速に進むなか、成人期以降の発達障害者を対象とした基礎研究や実践研究は、決して充分とは言い難いものがあります。また、わが国の事例

研究において、長期的な縦断研究は諸外国に比べてきわめて少なく、まだまだ努力が必要な分野です。そして何より、当事者や家族の立場を重視し、少しでも当事者や家族へ寄与できる研究、実践の在り方を追究していくべきでしょう。研究倫理を遵守することは当然として、こうした当事者や家族の立場を十分に考慮した研究や実践の在り方について、より一層の進展が求められます。

　発達障害の研究の発展は、一朝一夕で成し遂げられるものではありません。ただし、これまでの歩みを振り返ると、発達障害をめぐるさまざまな変遷のなかで、学術研究と実践にかかわる成果も数多く残されていると思います。我々は、国際社会の一員として、国内外の情勢に対応しつつ、専門領域を超えて発達障害の研究や実践を共有し、当事者やその家族を大切にした情熱を持った活動を行っていくべきでしょう。

日本発達障害学会 50 周年記念事業編集委員会
小島　道生
林　安紀子
金子　健

執筆者一覧

監修　日本発達障害学会

編集　日本発達障害学会50周年記念事業編集委員会

　　〔編集委員〕

　　橋本 創一（東京学芸大学教授）

　　小島 道生（筑波大学准教授）

　　林 安紀子（東京学芸大学教授）

　　霜田 浩信（群馬大学准教授）

　　渡邉 貴裕（順天堂大学准教授）

　　尾高 邦生（東京学芸大学附属特別支援学校教諭）

　　三浦 巧也（大正大学助教）

　　金子　健（日本発達障害連盟会長）

　　小澤　温（日本発達障害学会「発達障害研究」編集委員長）

　　菅野　敦（日本発達障害学会理事長）

　　原　仁（日本発達障害学会元理事長）

執筆者（執筆順）

　　眞田 敏（1）　　　福山市立大学教授

　　宮本 信也（2）　　筑波大学教授

　　橋本 創一（3・58）　東京学芸大学教授

　　原　仁（4）　　　日本発達障害学会元理事長

　　稲垣 真澄（5）　　国立精神・神経医療研究センター

　　米田 れい子（5）　国立精神・神経医療研究センター

　　小枝 達也（6）　　国立成育医療研究センター

　　秋山 千枝子（7）　あきやま子どもクリニック

　　宇野　彰（8）　　筑波大学教授

　　菅野　敦（9）　　東京学芸大学教授

　　吉野 浩之（10）　群馬大学准教授

　　林　隆（11）　　医療法人テレサ会　西川医院

　　大野 耕策（12）　山陰労災病院

　　金生 由紀子（13）　東京大学准教授

　　雲井 未歓（14）　鹿児島大学准教授

大伴　潔（15）　　　　東京学芸大学教授
杉山　登志郎（16）　　浜松医科大学特任教授
大鹿　綾（17）　　　　日本学術振興会特別研究員PD
小林　巌（18・69）　　東京学芸大学准教授
松島　賢知（18）　　　東京都立文京盲学校教諭
長尾　秀夫（19）　　　愛媛県立中央病院
塩川　宏郷（20）　　　筑波大学准教授
小谷　裕実（21）　　　花園大学教授
小林　勝年（22）　　　鳥取大学教授
大村　美保（23）　　　筑波大学助教
小澤　温（24・25）　　筑波大学教授
玉村　公二彦（26）　　奈良教育大学教授
京林　由季子（27）　　岡山県立大学准教授
菅野　和恵（28）　　　東海大学准教授
鈴木　弘充（29）　　　湘北短期大学教授
郷間　英世（30）　　　京都教育大学教授
島田　博祐（31）　　　明星大学教授
相馬　大祐（32）　　　国立のぞみの園
谷口　泰司（33）　　　関西福祉大学准教授
細川　かおり（34）　　千葉大学教授
奥住　秀之（35）　　　東京学芸大学准教授
森地　徹（36）　　　　筑波大学助教
丸山　啓史（37）　　　京都教育大学講師
細谷　一博（38）　　　北海道教育大学准教授
伊藤　浩（39・41）　　社会福祉法人幸会
岩坂　英巳（40）　　　奈良教育大学教授
名古屋　恒彦（42）　　岩手大学教授
大崎　博史（43）　　　国立特別支援教育総合研究所
河合　康（44）　　　　上越教育大学教授
腰川　一惠（45）　　　聖徳大学准教授
是永　かな子（46）　　高知大学准教授
爲川　雄二（47）　　　東北大学助教
長澤　正樹（48）　　　新潟大学教授
渡邉　貴裕（49）　　　順天堂大学准教授
田実　潔（50）　　　　北星学園大学教授

吉利 宗久（51）	岡山大学准教授
渡部 匡隆（52）	横浜国立大学教授
細渕 富夫（53）	埼玉大学教授
惠羅 修吉（54）	香川大学教授
千賀 愛（55）	北海道教育大学准教授
片岡 美華（56）	鹿児島大学准教授
田中 真理（57）	九州大学教授
熊谷 亮（58）	東京学芸大学大学院
小島 道生（59）	筑波大学准教授
篁 倫子（60）	お茶の水女子大学教授
菊池 哲平（61）	熊本大学准教授
真城 知己（62）	千葉大学准教授
平澤 紀子（63）	岐阜大学准教授
村中 智彦（64）	上越教育大学准教授
三浦 巧也（65）	大正大学助教
霜田 浩信（66）	群馬大学准教授
井澤 信三（67）	兵庫教育大学教授
川合 紀宗（68）	広島大学教授
池田 一成（70）	東京学芸大学教授
葉石 光一（71）	埼玉大学教授
宇野 宏幸（72）	兵庫教育大学教授
坂爪 一幸（73）	早稲田大学教授
湯汲 英史（74）	公益社団法人発達協会
藤野 博（75）	東京学芸大学教授
菊池 恵美子（76）	帝京平成大学教授
林 安紀子（77）	東京学芸大学教授
宮崎 泰（78）	つくば国際大学教授
菊地 一文（79）	青森県教育庁学校教育課特別支援教育推進室
小澤 昭彦（80）	岩手県立大学准教授
松為 信雄（81）	文京学院大学教授
藤井 明日香（82）	高松大学准教授
望月 葉子（83）	障害者職業総合センター
志賀 利一（84）	国立のぞみの園
梅永 雄二（85）	早稲田大学教授
田中 敦士（86）	琉球大学准教授

キーワードで読む　発達障害研究と実践のための
医学診断／福祉サービス／特別支援教育／就労支援
―福祉・労働制度・脳科学的アプローチ―

2016年1月15日　初版第1刷発行

監　修　日本発達障害学会
編　集　日本発達障害学会50周年記念事業編集委員会
発行者　石井昭男
発行所　福村出版株式会社

〒113-0034
東京都文京区湯島2丁目14番11号
TEL　03-5812-9702
FAX　03-5812-9705
http://www.fukumura.co.jp

印刷・製本　シナノ印刷株式会社

©The Japanese Association for the Study of Developmental Disabilities　2016
Printed in Japan
ISBN978-4-571-42058-0
定価はカバーに表示してあります。
乱丁本・落丁本はお取り替えいたします。

福村出版◆好評図書

菅野 敦・橋本創一・小島道生 編著
ダウン症者とその家族でつくる豊かな生活
●成人期ダウン症者の理解とサポート実践プログラム
◎2,100円　ISBN978-4-571-12125-8　C1037

成人期に気をつけたい健康上の問題を解説し，心身共に充実した日々を送るための支援プログラムを多数紹介。

池田由紀江・菅野 敦・橋本創一 編著
新 ダウン症児のことばを育てる
●生活と遊びのなかで
◎1,900円　ISBN978-4-571-12107-4　C1037

ダウン症児が持つことばの問題の基本的理解と，早期からのことばの指導法を発達段階の生活と遊びから解説。

橋本創一・熊谷 亮・大伴 潔・林 安紀子・菅野 敦 編著
特別支援教育・教育相談・障害者支援のために
ASIST学校適応スキルプロフィール
●適応スキル・支援ニーズのアセスメントと支援目標の立案
◎5,000円　ISBN978-4-571-12123-4　C3037

学校・職場などでの適応状況を可視化するオリジナルの調査法。専門知識は不要ですぐに使える。CD-ROM付。

橋本創一 他 編著
知的・発達障害のある子のための「インクルーシブ保育」実践プログラム
●遊び活動から就学移行・療育支援まで
◎2,400円　ISBN978-4-571-12119-7　C3037

すぐに活用できる知的・発達障害児の保育事例集。集団保育から小学校の入学準備，療育支援まで扱っている。

橋本創一・横田圭司・小島道生・田口禎子 編著
人間関係でちょっと困った人&発達障害のある人のためのサポートレシピ53
●本人と周囲がおこなうソーシャルスキルトレーニング
◎1,900円　ISBN978-4-571-42042-9　C0036

タイプ別に分け，豊富な事例から本人と周囲ができる解決策を提示。人間関係でお困りの方におすすめの1冊。

原 仁 著
子どもの臨床からみた発達障害と子育て事情
●発達障害専門医Dr.原の診察室の窓から
◎1,300円　ISBN978-4-571-12108-1　C1037

発達障害専門の小児科医が，発達障害の子どもたちの臨床を通して「発達障害」を分かりやすく解説。療育の書。

梅永雄二 著
発達障害者の理解と支援
●豊かな社会生活をめざす青年期・成人期の包括的ケア
◎1,500円　ISBN978-4-571-42027-6　C3036

発達障害の特性を正しく理解し，青年期・成人期発達障害者の教育と就労支援について，そのあり方を考える。

梅永雄二 著
障害者心理学
●障害児者の特性理解と具体的支援方法
◎2,000円　ISBN978-4-571-12118-0　C3037

障害児者が青年期以降も自立した社会生活を営めるために必要な支援について，心理的アプローチから考察する。

藤川洋子・井出 浩 編著
触法発達障害者への複合的支援
●司法・福祉・心理・医学による連携
◎2,300円　ISBN978-4-571-42040-5　C3036

触法発達障害者が社会に戻るときの受け皿は非常に乏しい。各専門分野の支援と連携の必要性を訴える1冊。

◎価格は本体価格です。